マッキンゼー式
紙1枚で
「自分の強み」を見つける技術

Mike Figliuolo マイク・フィグリオーロ【著】　原賀真紀子【訳】

ACHIEVEMENT PUBLISHING

謝辞

ダニエラ、マイケル、アレクサンドラへ
きみたちが頑張っても手が届かないものなんて、1つもない。
世の中の流れに従うんじゃなくて、きみたちが世界をつくるんだ。

おばあちゃんへ
おばあちゃんの愛情と笑った顔、
本書で紹介しているような知恵をたくさんぼくに授けてくれたことに、
ありがとうと言わせてください。
おばあちゃんのことが恋しいです。
いつまでも忘れません。

本書を推薦する言葉

ローランド・スミス／ウェンディーズ・アービーズグループ社長兼ＣＥＯ

「この本は、リーダーシップ哲学の本にありがちな虚飾に満ちたばかばかしい言葉はいっさい使われておらず、シンプルでありながら奥深い指南書だ。読み進むうちに、自分はどんな人間で、どのようなリーダーになりたいのか、はっきりと認識するようになる。あなたもぜひこの本を読んで、自分でも行動理念を書いてみるといい。リーダーとして成長できるだけではなく、人生が変わるかもしれない！」

キース・フェラッジ／『一生モノの人脈力』著者

「マイク・フィグリオーロはこの本のなかで、空疎なビジネス用語を排し、本物のリーダーになるための道を明確に提示している。自分のチームにもっと頑張ってもらいたい、賢くなってもらいたいと願う人は、この本を買いなさい。それは、たんにあなたが上司だからではなく、部下たちから信頼に値する仲間として認めてもらうために」

ジョン・ギャルヴィン／元米陸軍大将、元欧州連合軍最高司令官

「マイクはこの道のプロとして、読者に行動理念をつくるように呼びかけ、最後にはその集大成が「たった1枚の紙」にまとまるのだと、はっきりと約束している。この本は、まるで旧友が2人で語り合っているような雰囲気をまとっている。そして、その会話の主の1人は、読者であるあなた自身なのだ」

マイク・シャシェフスキー／デューク大学男子バスケットボールチーム監督

「リーダーシップという複雑なテーマが見事な切り口で語られているので、この本を読むと、リーダーシップとはリアルに感じられるものであり、あらゆる場面で実践できて、パワフルなものであることがわかる。リーダーシップというのは、人との関係を築くことに尽きる。この本で紹介されているアプローチを使えば、あなたが率いるチームは強い絆で結ばれることになるだろう」

デーヴィッド・マコーミック／元国際担当財務次官

「本書は、機甲部隊の将校、経営コンサルタント、米国の一流企業のエグゼクティブ、起業家など、マイク・フィグリオーロが数十年にわたる多彩なキャリアで培ったユニークな知恵を結集させている。劇的に自分のリーダーシップを高めたいと思っている、あらゆるレベルのリーダーたちにとって、読むべき1冊である」

マッキンゼー式
紙1枚で「自分の強み」を
見つける技術

目次

第3章 アイデアをリードする

第4章 人々をリードする

第5章 バランスのとれた生活をリードする

第6章　「強み」を発揮するために

第1章

紙1枚で
自分の強みを見つける

誰もがリーダーシップをもっている

Ａ４用紙１枚で自分を説明できますか？　あなたがどういう人間で、どんな働き方をするのかを、たった１枚の紙にまとめるのです。あなたが仕事に求める水準、期待すること、掲げる目標が一目でわかるので、部下やメンバー（とくに新しくチームに加わる人）も腑に落ちるでしょう。

私はこれまで、さまざまな企業の幹部たちと仕事をしてきました。業界や役職、会社の規模は違えど、彼らには共通の悩みがあって、自身のリーダーシップを定義することを難しく感じているのです。

はっきり言って、それほど難しいことではありません。人を束ねる手腕には、個性が色濃く反映されますから、リーダーシップは十人十色であってよいのです。ただし、「私はこういう人間でありたい《フィロソフィー》」を確立し、はっきりと表現し、つねに磨き続けよ――。これは、すべての人に言えることです。

かたちばかりにとらわれていると、肝心の中身がおろそかになり、なかなか完成しません。「すぐれたフィロソフィーはかくありき」と、枠の中に収めようとすれば、ごくありふれたアイデアしか出てきません。他人と比較して、自分のフィロソフィーは間違っていると思い込んでしまうでしょう。

こんな発想でいるかぎり、あなたのフィロソフィーには業界用語やバズワード（空疎な流行語）が多用されるでしょう。自分の個性や信念が投影されていないものを使うのは、他人を演じるのと同じですから、周囲との信頼関係の構築には役立ちません。さらに言うと、借り物のフィロソフィーを打ち上げる一方で、自分に正直であろうとすれば、言行一致しません。一貫性を欠くと周囲の人々は混乱し、あなたに不信感を抱きかねません。

リーダーとしての行動理念をもてば、正反対の流れをつくることができます。このアプローチでは、「人は複雑で多面的である」という、きわめてシンプルな事実を重視するからです。自分のフィロソフィーはどういうものかを見極める段階では、どの人も共通の手法を使うのですが、そこから浮かび上がってくる内容は、雪の結晶と同じくらい千差万別なのです。自分のフィロソフィーは、ほかの人のものとは大きく違っていて当然であることを受け入れると、無味乾燥な流行語から解放され、底の浅いビジネストークは避けるようになるでしょう。組織があなたに期待する役割ではなく、あなた自身がどういう人間でありたいかについて、自分の言葉でしっかりと語れるようになります。

本書で紹介するのは、私自身を成長させ、仕事の質を高めることにつながった、高い効果を発揮するアプローチです。長年にわたって多くの人々にも伝えてきました。私の軍人、経営コンサルタント、大企業の管理職や幹部、リーダー養成の専門家としての経験が色濃く反映されています。私は金融、一般消費者向けのメーカー、化学メーカー、ヘルスケア、テクノロジー、大学、小売りなど、多岐にわたる業界で経験を積んできました。コールセンターの業務から企業の戦略づくりまで、色々な部署の仕事を手がけてきましたし、最前線のマネージャーから経営幹部、ＣＥＯ（最高経営責任者）にいたるまで、あらゆる立場の人々と仕事をしてきました。

本書で紹介するアプローチを使うと、皆さんも自分のフィロソフィーをわかりやすく（シンプルに、たった1枚の紙で）表現することができるでしょう。読み進めるうちに、心を動かした言葉や過去の教訓をたくさん書き出していくことになります。やがてそのメモは、あなたの仕事のスタイルを決める指標となるでしょう。

フィロソフィーの全体像を自分自身でしっかりと把握するためには、リーダーシップにおける次の４つの側面について、自己評価をしておく必要があります。

◉ **自分自身をリードする**

あなたをやる気にさせるものは何ですか？　あなたはどのようなルールに従って行動しますか？　将来どのような人間になって、どんなふうに生きたいですか？

◉ **アイデアをリードする**

組織をどの方向へ導きたいと考えていますか？　変化を起こすためには、どうやって新しいことを導入すればよいと思いますか？　目標を着実に達成するためには、どのような指標を設定する必要がありますか？

◉ **人々をリードする**

人を組織の歯車のように扱うのではなく、それぞれが個の力を発揮できるようにするには、どのようにして人々を導いていったらよいでしょうか？

◉バランスのとれた生活をリードする

燃え尽き症候群になってしまったら、あなたの存在価値はなくなります。「バランスがとれている」とは、どのような状態だと思いますか？　あなたはそれをどうやって実現したいと思っていますか？

4つの側面は、どれも同じように重要です。リーダーシップというと、一般的には「人々をリードする」という側面だけが着目されがちです。なぜなら、リーダーが他者を率いるという基本的な仕組みを使ったほうが、リーダーシップを定義しやすいからです。戦略やイノベーションに関するモデルでは、「アイデアをリードする」という側面が強調されます。自己啓発のモデルは「自分自身をリードする」という側面に照準を合わせます。一方で、物事がめまぐるしく変化し続ける現代社会において、「バランスのとれた生活をリードする」という側面は脇道に追いやられがちです。

いずれもリーダーシップの側面として重要ですが、どれか1つだけに絞ってしまうと、偏りがあって不安定な状態を招きます。

さらに言うと、４つの側面のすべてにおいて自分の能力を伸ばしたいと思っても、ばらばらに学ぶのは危険です。あなたのフィロソフィーは矛盾だらけになってしまうでしょう。色々なノウハウやアプローチを寄せ集めてつなぎ合わせようとすると、このような事態に陥ります。ほかのノウハウやツールとは必ずしも噛み合うように設計されていないからです。中身のあるしっかりとしたフィロソフィーを本気でめざすなら、同じ道具箱に収納されているツールだけを使いましょう。本書を、まさにあなたの道具箱として使ってください。

まずは行動理念をつくる

行動理念は通常、その人の行動を決めるルールや原則として定義されます。しかし、リーダーシップに及ぶときには、私は少し違う意味で使い、次のように定義しています。「その人にとって個人的に大きな意味をもつことを、その人らしい言葉で端的に説明した短いステートメント（声明）。『リーダーとはどういう存在であるべきか』について、その人の価値観と信念の一端を伝えるもの」

ですから、あなたのリーダーとしての行動理念には「レバレッジ」「最大化」「ウィン・

ウィン」「型にはまらない発想」といったバズワードは含まれません。リーダーとしてどのように振る舞い、部下やチームのメンバーにどのような行動をとってほしいのか。行動理念は、これらをつねに念頭に置くためのシンプルで明瞭なステートメントでなければダメなのです。難しい判断を迫られても的確な判断を下せるようになりますし、「なりたい自分」に近づく道を、しっかりと選ぶこともできるのです。

行動理念は、あなたの心を動かすものでなければなりません。だからこそ、これまでの歩みを振り返って、ずしりと心に響く言葉や光景、エピソードを掘り起こす必要がありまず。辛酸をなめた経験、非常にポジティブな経験、心を揺さぶられる歌詞、あなたが大切にしているものを象徴する絵や写真、家族や先生やコーチがよく使っていた含蓄のある言葉、あるいは偉大なリーダーの評伝や彼らが遺した言葉のなかに、手がかりがあるかもしれません。ヒントはあらゆるところに転がっています。いちばん大事なのは、簡潔でありながら示唆に富み、自分の心に響くような行動理念を考えることです。強く感情を揺さぶる力があれば、あなたの振る舞いに変化をもたらします。

はじめのうちは、この作業に違和感を覚えるかもしれません。皆さんは、個人的な話を職場に持ち込まないようにと言われてきたでしょうから。しかし、長年そういう考え方で仕事をしていると退屈な人間になってしまい、感情がどこか遠くへ追いやられてしまいます。いつのまにか保身のために、「企業人らしい立ち居振る舞い」という防壁をつくり上げ、自分らしさを抑え込んでしまうのです。こうした風通しの悪い防壁を取り払うのは痛みを伴い、エネルギーを消耗します。ついつい「私は、絶えず組織に価値をもたらします！」というような、聞こえはいいけれど中身がないことばかりを書き連ねてしまいがちです。

あなたを鏡のように丸ごと映すフィロソフィーを完成させたければ、前述の４つの側面をそれぞれ意識することです。自分自身をリードするための行動理念は、バランスのよい生活をリードすることと矛盾しません。アイデアをリードする方法は、人々をリードする行動理念に影響を与えます。４つの側面のあいだに一貫性とつながりが生まれると、フィロソフィーが骨太になります。

すると、いつ、どんなときでも、一貫したフィロソフィーを実践できます。あなたを強いリーダーに変えてくれるのです。

行動理念の力を発揮する

行動理念があると、部下やチームのメンバーだけでなく、家族や友人など身近な人にとっても、あなたの行動は予測しやすくなります。「予測可能」であることは安心感を与えます。言動が首尾一貫していれば、人間関係の土台を築けます。

なぜ行動理念をもつと一貫性が出るのでしょうか。理由は2つあります。1つは、生き方のルールができるから。もう1つは、それらを周囲の人々と共有するからです。共有するとルールを守らざるを得なくなります。

行動理念には、あなたの「なりたい自分」が反映されるため、成長、新たな経験、これまでとは違う状況に応じて変化していきます。行動理念とは進化し続けるものです。環境変化に応じて自分自身を見つめ直し、フィロソフィーを点検してください。

私がこのアプローチを発見したのは、米軍で小隊長を務めていたときのことです。小隊を引き継いだばかりのころ、兵士たちの前で上官としての覚悟をうまく説明できませんでした。私の話は特殊な用語だらけで意味をなさず、彼らに伝わらなかったのです。最終的にたどり着いたのは、次のような言葉でした。

「私がきみたちに守ってほしいのは、努力することと正直でいることの2つ。これだけだ。きみたちも、私に同じことを期待すればいい。全員がこの2つを実践できれば、私はそれ以上のことは望まないし、我々は何をやっても成功できるはずだ」

このメッセージは、兵士たちの心に響きました。2つの指針に照らし合わせて、私たちは日々の行動を振り返り、即座に評価することもできました。兵士たちも私も、おのずと振る舞い方が決まり、自分自身と相手に求める水準が、はっきりしたのです。こうして、私の行動理念はできあがりました。

行動理念をもつ過程で、自分の人生経験を他人と共有することが求められます。過去の苦痛を味わった経験や人に話したくないことを、さほど親しくない人とも共有するのは不安かもしれません。『黄色い老犬』のラストシーンで泣いてしまったと言ったら、弱い人間だと思われるかもしれない。野球の試合で空振り三振したことを話しても、部下たちの尊敬を失わずにいられるだろうか……」。こうした不安や恐れは、「ありのままの自分」からあなたを遠ざけてしまいます。防壁がつくられて、他人をシャットアウトし、自分の感情をガードしてしまいます。

この壁を取り崩すと、人間味が出てきます。上司としての威圧感を、部下にやたらと感じさせることはなくなるでしょう。人は「感情をもたない機械のような仕事人間」よりも、数々の栄誉ある失敗をおかした人間を尊敬するものです。

ここで私のエピソードをご紹介します。小学校低学年のとき、野球の試合で三球三振したときの話です。とりわけ運動神経が鈍いわけではなかったのに、コンバースのシューズをはいた右足を使って、力いっぱいのスイングでしたが、運悪く立て続けに3回、派手な空振りに終わりました。グラウンドは笑いに包まれ、私は屈辱を味わいました。恥ずかしさのあまり、死んでしまうのではないかと思いました。

30年も前のことなので、さすがに笑い話です。もちろん、今でも当時を思い出すと胸がチクリと痛みます。時が経ち、ものの見方が変化したことによって痛みはおさまって、代わりに教訓を得ました。その後も、恥ずかしいことをしでかして人に笑われたことは幾度となくあります。しかし、嘲笑されたことを思い出してクヨクヨするより、自分の行動理念を示す言葉を思い浮かべることにしました。

「誰だって一度は三振するものだ」

そして、心のもちようがこんなふうに変わりました。

「たとえ大笑いされても、笑いはいつか必ずやむ。人生は続いていく」

行動理念と、その背後にあるストーリーを話すと、周囲の人はあなたの人間らしさを感じます。職場の人たちはストーリーに共感し、あなたのことを身近に感じ、心を通わせることができたと感じるでしょう。あなたは理解と尊敬という、良好な人間関係の構築に不可欠なものを得られます。プライベートな部分をほんの少しさらけ出すだけで、他人と通じ合えるのです。

私は、人から笑われることを恐れていたので、克服するために三振したときのエピソードを職場の人たちに話しました。私は暗黙のうちに、「きみたちはぼくのことをばかにしないと信じているよ」というメッセージを送っていたのです。このように、信用のしるしをもって一歩を踏み出すことから、互いの信頼関係が深まります。

過去の自分と向き合おうとすると、最初は堅苦しく考えたり、身構えたりするかもしれません。いつのまにか、長年自分の感情を抑え込んでしまっている人もいるでしょう。喜び、痛み、恐れ、達成感、興奮を味わったときの素直な気持ちは、社会人としての自覚やプロ意識、不安や心配事などの下に埋もれています。この層を崩していくことは簡単ではありません。ただ、決してあきらめないでください。人間味を出しながら、周囲の人々の役に立ち、勇敢なリーダーとして、力強い人間関係を築いている——。そんなフィロソフィーをもつための秘訣は、個人的な体験談に基づく行動理念をもつことです。

本書で紹介するメソッドに従って作業を進めていくうちに、いつの間にか自分が書いた行動理念からぎこちなさが消えていることに気づくでしょう。ありのままの自分と向き合うことに対して、次第に抵抗を感じなくなっていくのです。最初に書いたものは感情が抑制されていて、ストイックだったり自虐的だったりすることがあります。ところが、書いたものを読み直す習慣を続けていくうちに、明らかに自分をもっと自由にさらけ出せるようになっていることに気づくでしょう。

ビジネスの世界では個人的な感情が排除され、血が通っていないように感じることが多く、「リーダーシップ」と称するものには人間らしさが抜け落ちています。でもこれは、間違っています。自分なりの行動理念をもてば、この抜け落ちている穴を埋めることができます。自分をさらけ出すことを学べば、あなたは不完全だけど正真正銘のリーダーとして力を発揮できるということが、実感を伴ってわかるはずです。

自分自身を知るための旅

リーダーとしての行動理念をもつと、いくつかの利点があります。

1つ目は、よりよいリーダーをめざすという高い目標をみずから設定するようになり、1人の人間として、プロフェッショナルとして、成長し続けることにつながること。

2つ目は、部下やチームのメンバーに対してあなたがどのような行動を期待するかを示すことができること。「うちのボスは今日、何を考えているんだろう?」と勘繰ることが常態化していると、職場はモヤモヤした状態に置かれてしまいますが、あなたから期待されることが明確になっていれば、この非生産的な状況は軽減されます。

3つ目は、あなた自身も部下たちも、よりよい決断を、より迅速に下すことができるようになること。あなたの行動理念には、リーダーとして自分はどう動きたいかということと同時に、部下たちにどう動いてほしいのかについても、しっかりと指針が書かれているからです。

現場が混沌に陥ったとき、あとで出来事を振り返って分析するとき、指針があればそれに沿って考えることができます。じたばたしないで、あらかじめ決めたルールに従って行動し、妥当だと確信できる決断を下せばよいのです。そのルールには、そもそもあなたが理念として明確に打ち出したことが反映されているのですから。行動理念をもてば、むやみやたらと会議を開いたりあらゆる選択肢を検討したりしなくても、納得のいく結論にたどりつけるのです。

この新しいリーダーシップのアプローチを、あなたが本気で試したいと考えていて、しっかりとした行動理念をつくろうと心に決めているならば、本書を読み物ではなく、ワークブックだと思ってください。本書はここから先、5つの章に分かれていて、第2章から第5章ではリーダーシップの4つの側面――「自分自身をリードする」「アイデアをリードする」「人々をリードする」「バランスのとれた生活をリードする」――について考えていきます。第6章では、実際にあなた自身と周囲の人々の行動に変化をもたらすために、行動理念の現場での実践方法について考えます。

丁寧にアドバイスや考え方のヒントを提示していきますので、心配しなくても大丈夫です。行動理念を完成させるまで、かなりの努力を要しますが、その過程において自分自身について多くを学び、自分のめざすものが見えてきます。

私から皆さんにお願いするのは、自分のことについてよく考えること、そして今まで人に話してこなかったようなストーリーを他人と共有することです。この作業に勇気をもって正面から向き合い、ありのままの自分をさらけ出すことができれば、最後にはパワフルなフィロソフィーが誕生していると、断言できます。それは今後何年にもわたって、あなた自身と周囲の人々を導いてくれますし、あなたは自信をもって行動し、決断を下せるようになります。

リーダーシップを発揮するのには努力を要します。しかし、人を引っ張っていくこと自体はそれほど複雑なことではありません。自分はどんな人間で、どのようなリーダーになりたいのかを把握し、その信念を説得力のあるわかりやすい言葉に置き換える工夫が、すぐれたリーダーシップを実現する鍵です。「リーダーシップとは、行動することに尽きる！」と感じている人もいるかもしれません。もちろん行動は大事です。しかしながら、行動の良し悪しは、何を根拠に決めるのですか？　明確なフィロソフィーを伴わない行動は危険です。あなた自身が置き去りになってしまいます。

あなたには元来、行動を決めるときの信念が備わっているはずです。それをほかの人々がわかるように、はっきりと打ち出してほしいのです。

さあ、自分自身を知る旅に出かけましょう。あなたは何者で、どのようなリーダーになりたいのか、どうやって理想像に近づきたいのか――。旅の最終目的地では、あなたのフィロソフィーが1枚の紙にまとまっているでしょう。

空疎なバズワード

社会人として1年も経験を積んでいれば、次のような言い回しを幾度となく見聞きしているでしょう。

「私のフィロソフィーは、社員のやる気を**レバレッジ**として最大限に活用して彼らの**エンゲージメント**を**最大化**し、**型にはまらない発想**を促し、その**シナジー**によって**付加価値**を創出して会社の**利益を最大化**することであり、これができれば社員、株主、顧客にとって**ウィン・ウィン**の状態になります」

聞こえはいいのですがやたらに長文で、説明を要する特殊な用語を多用しています。私はこういう言い回しに触れるたびに、「さっぱりわかりません。いったい何を言いたいのですか？」と聞き返したくなります。

中身のない言葉遣いは、本物のリーダーをめざすあなたの足手まといになるだけです。ここですべて捨ててしまいましょう。本章を読んでいると、頭を叩かれ目が覚めたような感覚を味わうと思います。長年同じレンズを使って世の中を見ていると、たとえばリーダーシップについて考えるときも、そのレンズの色に影響されます。しかも多くの場合、自分が所属する組織の色に染まっていくものです。あなた自身が組織の文化をつくっているというよりも、いつの間にかあなたのほうが、組織の文化が反映された価値観を身につけているのです。

そんな流れを、反転させましょう。組織の文化は、リーダーの役割を担っている人たちがつくるものであって、その逆であってはならないのです。もちろん、リーダーも組織の文化に合わせて行動しますが、人を退屈な人間に変えようとしたり、個性をないがしろにしたりするような圧力に、あなたが屈することはありません。組織の文化には、良い面もあれば悪い面もあります。社員に「その人らしくない言葉」で語るように仕向ける企業が多く存在することを、私は肌で感じてきました。咎める人がいなければ、組織のなかではたわごとのバズワードが飛び交い、それで終わってしまいます。

なかには「何やら示唆に富んだメッセージに触れた」と感心してくれる人がいるかもしれませんが、最初だけです。振り返れば「まったく中身のない話だった」と認識を改めるのが普通です。うわべだけの言葉は、聞く人を混乱させ、消化不良のような気分にさせます。

ところが、聞き手から「それはどういう意味ですか？」と説明を求められることは、残念ながら滅多にありません。恥をかくと思って躊躇するからです。とりあえずわかったふりをして頷き、混乱したまま自分の席に戻ってうなだれるのです。

バズワードは企業の経営戦略からコンサルタントのプレゼンテーション、ひいては一般の人々がリーダーとしての矜持を語るときにも使われます。私たちは「リーダーたる者、フィロソフィーをもつべし」と教わってきたので、必死になってフィロソフィーらしきものを取り繕おうとします。しばらく奮闘した結果、大学院のシラバスにでも掲載するのがふさわしいような、長文のマニフェストができあがります。自画自賛したメモを添えて、あなたはそのマニフェストを嬉々として同僚や上司に送るのです。そして、こんなふうに自分を納得させるでしょう。

「ついに自分のフィロソフィーを手にした。私にはこの組織のリーダーとして振る舞う資格がある」

さて、このあとにはどのような展開が待っているでしょうか？　チームのメンバーたちは、あなたから送られてきた添付ファイルを開きます。すると、「1／13頁」という表示が目に留まり、ギョッとするでしょう。

概してリーダーのポジションに就く人たちは、ビジネススクールと足並みを揃えなければならないというプレッシャーを感じ、彼らのやり方に感化されています。コンサルタント流の話し方や言葉に、やすやすと乗せられてしまうのです。ところが、そういう言葉には覚悟や魂が感じられないことがのちのち露呈します。

自分よりも格上の人に倣って、もったいぶった言葉を並べたフィロソフィーをつくり、自分の理想を語ろうとするのも、よくあることです。

リーダーたちが勝手にプレッシャーを感じて長いものに巻かれていると、どこもかしこもおもしろみのない人材だらけになってしまいます。当然のこととして、そういう人の仕事ぶりは、人間らしさを感じさせるインパクトがないので、凡庸です。

バズワードは、ビジネスの新しいアイデアや創造的なコンセプト、複雑な思考を説明するときなど、あらゆる場面で登場します。あるときは複雑なことを手短に表現するための共通語として、またあるときは誰からも文句を言われない美辞麗句として重宝されます。フィロソフィーにも使いたくなるような言葉なのです。誰だって、「価値を最大化」してくれて「関係者の潜在能力をレバレッジとしてフルに活用する」チームの一員でありたいですよね？

フィロソフィーをつくるためのバズワードの活用には、大きく分けて2つの問題があります。1つは、バズワードで語られるコンセプトが行動と結びつかないこと。いかようにでも解釈できる余地を残してしまうのです。あなたが考える「価値の最大化」は、私が思っている「価値の最大化」とは違うかもしれませんよね？　言葉の解釈が異なっていると、私はあなたが望んでいない行動をとるかもしれません。

もう1つは、バズワードはあまりにも多くの人が使うので、話し手に何の知恵も見識も授けないということ。空疎な流行語を並べ立てたスピーチを聞かされても、「この人の考えがよくわかった」なんて、誰も思わないでしょう。

ここで1つ、古い格言をご紹介します。

「兵士は国のために戦うのではない。理念を守るために戦うのでもない。神のために戦うわけでもない。撃ち合いがはじまったら、兵士は同じたこつぼ壕にいる相棒を守るために戦う」

ビジネスの現場で戦っているリーダーたちにも、同じことが当てはまります。部下たちがあなたを尊敬し、ついていこうと思うのは、あなたの肩書ではありません。あなたという人物に魅力を感じるからです。でも、あなたがバズワードを使ったら、彼らはあなたの本来の姿を知ることができません。

ブルシット（bullshit／くだらない、でたらめなこと）は、バズワード以上にタチが悪いです。じつを言うと、こんな下品な俗語を本書に使うべきか、ものすごく悩みました。「虚勢を張り、相手に威圧感を与え、誇張して話す」という状況をもっと普通の言葉を使って表現することは可能だと思います。それでもなお私は、「自分を大きく見せようとして口をついて出てくる、不誠実で空疎な言葉の連なり」を、より的確に示す言葉が必要だと感じました。

不快感を抱いた方には、お詫びします。あくまでも本書ではブルシットを、「よく使われるけどじつは中身がない言葉や、他人から『すごい人だ』と思ってもらえるような誇大表現を総称する略語」と位置づけたいと思います。

なぜそのような言葉を職場で使うと破滅を招くのか、ここでくどくどと説明するつもりはありません。ただ、それを続けているとあなたは信用を失い、鈍感な人だと思われ、部下からも尊敬されなくなるということを、言っておきたいのです。空疎な言葉や言い回しは見栄えがします。本人を実力以上に見せてくれます。だから文章を書くときにも、ついつい使ってしまうのです。

私が知るかぎり、意味のない用語に侵食されるのを防ぐ唯一の方法は、自分を偽らずに語ることです。肚《はら》の底から出てきた言葉は明快で、簡潔で、本物で、深い意味をもっています。あなた自身と、あなたのチームを支える土台になるでしょう。あなたが自分の信念を貫くという覚悟を周囲に示すことにもなります。

では、実例を参考にしながら考えていきましょう。

かつて、ある企業に上級管理職で構成されたチームがあり、私はそのうちの何人かと面識がありました。新しくリーダーになったジェレッドは、チームを束ねようと奮闘していたものの、数ヵ月経ってもその努力は報われず、チームはばらばらでした。メンバーたちはジェレッドのことも、互いのことも、信用していなかったのです。会議は苦痛でしかなく、ジェレッドとメンバーの個別面談となれば、さらに悲惨でした。みるみるうちに、チームは混沌に陥りました。

チームの機能不全を打開するためには、全員がどのような人物でどのようなリーダーなのか、互いにもっと深く理解し合うことが必要だと、ジェレッドは考えました。そこで、旧知のコンサルタントを招いて3日間の合宿を開催し、「リーダーシップとは何か」を全員で考えることにしたのです。

彼らはそこで、リーダーシップを各人がどうとらえているかを語り合い、企業のコンピテンシー・モデル（能力や役割を定義するモデル）と関連づけながら議論しました。現場でリーダーシップを際立たせるためにはどうしたらいいか、意見を出し合いました。

チームの今後を占うこの合宿で、メンバーは互いにフィロソフィーを共有することになっていて、どの人も書いてきた原稿を読み上げるだろうと予想されていました。まず、ジェレッドが自分のフィロソフィーを読み上げると、中身は至極まっとうで、チームワーク、信頼関係、一生懸命働くこと、楽しく仕事を進めることなどの重要性が強調されていました。10分間話し続けたあと、彼はほかのメンバーにもフィロソフィーをチームと共有するように促しました。3人目の発表が終わったころには、ありとあらゆるバズワードが部屋中で反響しているような感じになっていました。

メンバーの1人であるクレイグは、聞いているうちにどんどん不愉快になり、見るからにイラ立っていました。ほかの人がすべて発表を終えたとき、彼は歯を食いしばっているのを隠すかのように、口を真一文字に結んでいました。自分の番が回ってきたので、クレイグは首を軽く左右に振りながら立ち上がりました。事前に書いてきた宿題の紙は脇へ置いてしまい、メンバーの顔を見て、一人ひとりと目を合わせていきました。ジェレッドのところで視線を止めると、穏やかではあるけれどはっきりとした口調で、彼はこう言ったのです。

「私のフィロソフィーはシンプルです。ものを言うときは自分を偽らない。有言実行」

それだけ言うと、クレイグは自分の席に戻りました。使った単語の数は少ないですが、ほかのメンバーが言った内容をすべて合わせても、彼の言葉がもつ重みには敵いません。たった2行で、クレイグはバズワードを一蹴し、自分の信念、行動の指標、倫理基準をいとも明解に表現し、一瞬でチームと共有してしまったのです。

すぐさま全員が、クレイグが自分たちに期待することと、彼に自分たちが期待すべきことを、理解しました。彼が言ったことは、職場のいかなる場面においても実行できるし、現実的だったからです。あっという間の出来事でしたが、うまく表現された行動理念の威力を、クレイグが見せてくれました。彼の行動に刺激されて、何人かのメンバーはフィロソフィーを簡潔にまとめ直しました。一方でクレイグの部下や同僚たちは、彼が考えていること、やろうとしていることが、どんな状況でもわかるようになったのです。

明確で、示唆に富み、シンプルであることこそが、行動理念を書くときのルールです。バズワードなんかに頼らないで、自分自身のストーリーや経験から学んだことを使えば、人間味にあふれるリーダーになれます。部下や同僚からも慕われて、あなたがめざすものを理解してくれるでしょう。

ほんとうに重要な言葉を見極めて、それをわかりやすく、共感を得られるようなかたちにすることは、エネルギーが要りますし、頭を使わなければなりません。まさにその労力が、これから必要になります。

第2章

自分自身をリードする

行動理念を明確に打ち出すための最初のステップは、自分自身をどうリードするかを決めることです。

あなたの行き先がわかっていなければ、誰もついてきてくれません。明確な目標と水準の設定が必要です。そうすれば、部下やチームのメンバーも、自分たちがなすべきことを特定しやすくなります。

セルフリーダーシップを発揮する

自分自身のリードが、なぜ最初のステップなのか？　理由は2つです。

まず、旅は目的地で決まるのではなく、どこから出発するかも重要なのだということ。自分の現在の立ち位置、めざす場所、どうやって最終目的地にたどり着きたいかを、はっきりとさせておかなければなりません。

もう1つは、出世していくうちにあなたの上にいる人は少なくなり、あなたが束ねるべき人たちは増えるからです。昇進のたびに、あなたへの要求は大きくなり、上司からの懇切丁寧な指導は受けられません。

自分より上の立場の人が少なくなり、指導を受ける機会が減っていくからといって、誰からもリードされなくてよいということではありません。自分を成長させることに関しては、より強い当事者意識が求められます。

現代はスキルを磨くのも、モチベーションの維持も、すべて自己責任です。私は過去の経験で、この大切さを学びました。

ある仕事で、チーム全体の3割にあたる業務を担当していた（このチームには3人しかいなかったので）ときのことです。あるクライアントの新規事業開発を手伝っていました。当時の私は、従軍歴5年とコンサルタント歴1年という経験があっても、大した実力をもっていませんでした。それまでのプロジェクトでは、先輩コンサルタントのマネージャーたちが、クライアントのためにする仕事と私の教育の両方を熱心にやってくれていたのです。ところが、このときは違いました。プロジェクトのマネージャーはつねにより高いレベルの仕事を要求してくるのですが、指示や助言を与えてくれることは滅多にありませんでした。

私の仕事ぶりは、どうやら及第点にも達していなかったようです。検討の仕方が甘いとか、クライアントに提案を採用させるプッシュが足りないとか、やんわりと言われ続けました。とうとう嫌気がさした私は、適当にやっつけるようになり、お粗末な仕事しかできなくなりました。創造力が刺激されるようなことがなかったので、私が提案する企画は、およそ「自分の最高レベル」と言えるような代物ではありませんでした。あの4ヵ月は、とにかく長くて苦痛でした。

そのあいだずっと、ぱっとしない企画ばかり出し続け、「マネージャーからの指示もサポートももらえない」と愚痴ばかりこぼしていました。当然、プロジェクトが終わったときに受け取った業績評価は、私の仕事ぶりと同じくらい、ごく平凡なものでした。無理もありません。

しかし、リーダーシップを発揮してくれなかったくせに「改善の余地がある」などという評価をつけるなんて、マネージャーのほうに問題があるのではないでしょうか？

業績評価について話し合っていたとき、マネージャーから次のような指摘を受けて、私はようやく目が覚めました。

「革新的なアイデアを出して議論を活性化させ、クライアントを引っ張っていくのは、きみの役割だったんだよ」

マネージャーの役割はプロジェクト全体を統括することで、私が担当するパートに関しては、指示したり介入したりしなくても、私がリードしていけるだろうと考えていたのです。さらに、次の言葉を聞いたとき、頭の中で電球が点灯したような感覚を味わいました。

「もっと大きな責任が伴うプロジェクトをやりたいのなら、まずきみ自身のモチベーションを高め、クオリティの高い仕事をしてみせなければならない。きみにはその力があるはずだ」

この言葉は問題の本質を突いていました。仕事の質、人間としての成長、スキルアップのすべてにおいて、私はみずからの責任を放棄していたのです。もっとできるはずだとマネージャーは期待していたのに、私はその期待に応えることができなかった……。

苦い経験でしたが貴重な教訓を得て、この業績評価を契機に、その後のプロジェクトでは大きな成果を出すことができました。ここで私は、「未来の自分」というコンセプトを思いつきました（そのときには、あえてこう名づけたわけではないのですが）。自分の仕事に全責任を負っている姿をイメージしたのです。それ以来、仕事の水準を設定するときも、達成すべく努力するときも、自分自身の力をもっとも頼りにするようになりました。

今のあなたを誰がリードするのか？

これから皆さんは、今の自分から離れて「未来の自分（なりたい姿）」を想像していくことになります。そんな未来の自分が、より大きな活躍の場に向かって、今のあなたをリードしていくのです。

未来の自分について考えはじめると、はじめは資産形成や現役引退のタイミング、老後を過ごす場所などが頭に浮かぶかもしれません。どれも大事なことですが、これらはすべて、あなたがなりたい自分をめざして歩んでいく道の延長線上にあるものにすぎません。あるいは、「未来の自分」とはまったくつながっていない場合もあるでしょう。

「未来の自分」はものすごく意地悪な人間になっているかもしれませんが、もし宝くじに当たっていれば、お金はたくさんもっています。逆に、「未来の自分」はとても強い人で確固たる信念をもっているかもしれませんが、ハリケーンの被害に遭えば全財産を吹き飛ばされてしまいます。何が言いたいかというと、「未来の自分」がもっている物質的なものは、今考えたところで意味がないのです。大事なのは、ハリケーンが過ぎ去ったあとに残ったもの、宝くじの当選金を使い尽くしたあとに残ったものです。「はるか向こうに立っているのは誰で、その人はどのような人物なのだろう?」。自分にそう問いかけて、答えを見つけてほしいのです。

自分自身をうまくリードするには、わかりやすい表面的な部分にとらわれずに、その下に隠れている「あなた」を掘り起こさなければなりません。

「あなた」は将来どんな個性の持ち主になっているのか、どのような価値観をもっているのか、周囲の人々にとってどのような存在になっているのかについて、思いを馳せてみてください。そこで浮かび上がる姿が、これから描こうとしている「未来の自分」につながります。

とはいえ、なりたい自分について具体的に考えはじめる前に、まず「今の自分」を理解することからはじめましょう。

自分のことをよく理解して弱点とも折り合いをつけなければ、成長できない——。私は過去の経験でこれを学びました。皆さんも、自分という人間を知って弱点と向き合わなければなりません。自分自身をうまくリードするために外せないステップです。

あなたの背景にあるもの、価値観、積んできた経験をもとにして、考えていきましょう。信念、あるいは偏見、喜び、または災いなど、今のあなたの中にあるものと向き合えば、「未来の自分」は手の届く目標になります。それは大志を抱くような目標であるべきですが、同時に実現できる範囲に設定するべきです。そうでないと、未達成によってやる気を失い、旅を途中で断念し、最終目的地にはたどり着けなくなってしまいます。

未来の目標には、現在のあなたとの一貫性が保たれていなければなりません。自分とは違う誰かになろうとするあなたに、周囲の誰もが欺瞞を見てしまうでしょう。あるいは、自分でそう気づくかもしれません。そうなれば、アイデンティティーを喪失し、心がズタズタに傷つきます。

今よりも成長したければ、自分をよく理解し、捨てるべき習慣を見定めることです。それが前進する唯一の道です。欠点から目をそらさずに、自分をしっかりと見て評価しましょう。誰にだって足りない部分はあります。真のリーダーとは、痛みを伴うことがあっても自分に対して正直になれる人です。彼らは自分に弱い部分があることを認め、そうしたマイナス点を改善するために、積極的に動きます。

生き方を点検し、客観的な自己評価をおこなえば、あなたは本気で自分を成長させようとしていることが、周囲にしっかりと伝わります。

自分の思考を整理する

本書では、たくさん質問を投げかけます。頭に浮かんだことや感覚的なものを手がかりにして、自己分析を続けてください。しばらく時間を置いてからメモを見直して、内容を検討しましょう。そこから新しいアイデアが浮かぶかもしれません。フレッシュな目で見ると、自分の思考に何らかのパターンがあることに気づくかもしれません。あなたの考えは、自己分析が進んで自分に対する理解が深まるにつれて、変化していくでしょう。

何より大事なことは、頭の中で混在している考えを、とにかく書き出してみることです。書かずに思考を整理することは不可能に近いですし、ましてや書くというプロセスを経ずに他人にきちんと説明するのはもっと難しいです。アイデアを口頭で伝えるときには、どうしても言葉を多用しがちですが、言葉は誤解されやすく、記憶に残りにくいのです。

自分は将来どのような人間になりたいのかを見極め、高みをめざす——。これは、あなたが行動理念をつくっていくうえでの土台になります。自分自身を奮い立たせることができなかったら、他人を鼓舞するなんて、とても無理ですよね？　自分自身をリードしていく方法を決めるためには、自分は何者で、どんな人間になりたいのかを、知ろうとしなければなりません。

次の5つの質問について考えてみましょう。

（1）毎日どのように朝を迎えていますか？
（2）将来どうなっていたいですか？
（3）どのような指標に従って行動していますか？
（4）落ち込んだとき、立ち直るために何をしますか？
（5）自分の責任を果たすために何をしますか？

1つずつ答えていくうちに、あなたを突き動かすもの、あなたの行動基準が見えてくるでしょう。自分にとって大切なものや倫理観がわかっていなければ、自分を見失います。

先の5つの質問は、あなたが自分をリードしていくための行動理念へとつながっていくのです。

何のために毎朝起きるのか?

あなたはなぜ、毎朝きちんと起きられるのでしょうか?

あなたはなぜ、張りきって職場に向かうのですか?

どんな目覚まし時計を使っているのか、コーヒーを飲んだり子どもの学校の支度を手伝ったりしているのかを、聞いているわけではありません。生活費を稼ぐ以上に、あなたを仕事へと駆り立てるもっと深い理由があるのではないでしょうか。自分が日々していることの核となる部分について、思いを巡らせてください。今からつくる行動理念は、あなたの内面に存在するモチベーションの源泉に関わっています。自分はリーダーとしてどんなふうに仕事をしていきたいか――。先の2つの質問は、これを知るうえで役に立ちます。

多くの人にとって仕事を続けるモチベーションはお金ではありません。自分自身の成長であり、挑戦し続けることであり、すばらしい仲間の存在なのです。人間にとって情熱は活力であり、自分の潜在能力を最大限に引き出すための力です。情熱にあふれるリーダーは、試練を乗り越えることや新しいスキルを得ることを「おもしろい」と思えるし、組織に最大限のインパクトを与えることができます。自分に課された仕事を褒美として、それをうまくこなすことに対する自尊心と満足感が、仕事に対する報酬になっています。

こんなふうに仕事をするためには、自分がどんなことにやりがいを感じるのかを把握していなければなりません。

あなたを駆り立てるもの

そういつまでも、他人があなたにやりがいやモチベーションを与えてくれることはありません。だからこそ、自分で仕事にやりがいを見出せるようにならなければなりません。そのためには、まず自分の好きなことを知りましょう。

やりがいを感じたときのことを彷彿とさせる言葉やイメージを掘り起こしながら、自分の行動理念に落とし込むことができると、やりがいを感じられる仕事やポジション、プロジェクトを選択しやすくなります。

47頁の5つの質問を考えて私がたどりついたのは、「電球」でした。ピンとこないかもしれませんが、私にとっては深い意味があります。私は、人に教えることを生業にしています。講義中に私が話した内容が参加者の心に響いたとき、インパクトを与えることができたと実感します。

「話を聞いて、頭の中で電球が点きました。おかげで、すっきりと頭が整理されました」こう受講者の顔に書いてあると、手ごたえを感じます。頭の中でぱっと電球が灯るような機会を提供することが、私のやりがいです。

「電球」という行動理念のキーワードをもつこと自体より、いかにこれを日々の意思決定で活用していくかのほうが大事です。たとえば、講習のテーマを決めるときに、プレゼン資料に使う書体について話すよりも、戦略立案のスキルについて語るほうが、参加者に「電球が灯る瞬間」を提供することができるので、私としてはよい仕事ができます。行動理念をもっていると、うまくやれる仕事を選択するようになるので、受講者にとってもメリットが大きいのです。

短い言葉でも**「電球が灯る」**はじつに大きな意味をもち、行動理念として、私にとってはパーフェクトです。もし、あなたが私のチームの一員だったら、「電球が灯る」が行動理念だと知っていれば、私のことをよりよく理解できるのではないでしょうか。

知人のティムは、ある曲をそのまま行動理念として使っています。彼は、製造業でプロジェクト・マネージャーを経験し、テクノロジー企業では採用の仕事に関わり、金融関係の企業ではコールセンターの管理を担当していました。どの職場でも、彼は一緒に働く人たちが笑顔になるように、つねに努力しました。冗談を言ったり、難しい案件にもとっつきやすい面があることを指摘したり、部下や同僚のプライベートでよいニュースがあれば、それを話題にして彼らの気持ちを和らげたりしていました。もちろん、自分の仕事をそっちのけにして一日じゅうピエロの役割に徹していたわけではありません。ほどよく笑顔を振りまきながら、自分の仕事もきっちりこなしていたのです。

ティムの職歴は、一見ばらばらなように見えます。でも、彼は決まってスコット・ジョプリンの『ジ・エンターテイナー』（映画『スティング』で使用されたことで有名な曲）を口ずさんでいました。彼の談話をご紹介しましょう。

どの職場でも、人を笑顔にする機会に恵まれました。私自身は波乱万丈の人生を送ってきたのですが、ステージに上がって人を楽しませることが生きがいなんです。悩みを忘れさせて、「楽しく生きていいんだよ」と言ってあげることが好きなのです。

私は、一日じゅう人との交流があるような仕事、しかもプレッシャーが多いとか、一筋縄ではいかないような職場に魅力を感じることがわかりました。一時でも悩みを忘れて笑顔になれるように、周囲の人々を楽しませたり笑わせたりすることが、私の仕事のなかで大きなウェイトを占めてきたのです。要するに、私はエンターテイナーでありたい。それが自分の仕事であり、私という人間なのです。人を楽しませることが、何より好きなんです。

まさしく『ジ・エンターテイナー』という曲が、ティムの行動理念です。仕事のオファーが舞い込むたびに、彼が判断の決め手にするのは、「単独で動くことが多い仕事ではなくて、つねに人と接している仕事かどうか」という点と、「自分の振る舞いを支持してくれる社風かどうか」ということでした。彼は自分の陽気な個性を認め、そこに価値を見出してくれる企業、そして自分らしくチームを率いることができる仕事を選んできたのです。新ティムがコールセンターの仕事をしていたとき、その会社の経営体制が変わりました。新しい上司は数値目標を達成することに熱心で、ティムの振る舞いを「おふざけ」と称し、まったくと言っていいほど理解を示しませんでした。ティムはこの上司のやり方に合わせようと努力しましたが、毎晩家路につく車の中で憂鬱な気持ちになりました。『ジ・エンターテイナー』のメロディーが次第に遅いテンポになっていき、ついには止まってしまったように感じたのです。

結局その職場を去って、長年の夢――ギターを教えることと演奏すること――を追い求めるという決断をしました。学びたいという人に対して、自分の音楽の才能を活かすことは、彼に深い満足感を与えました。たとえ一瞬でも、彼の音楽を聴いた人は悩みを忘れられる――。それが実感できるから、ティムは機会があれば嬉々としてステージに上がり、誰かのために演奏しています。

ティムにとって『ジ・エンターテイナー』は、自分の情熱はどこに向いていて、自分は何者なのかを思い出させてくれるものだったのです。『ジ・エンターテイナー』は１９０２年の曲ですし、「電球が灯る」という私の行動理念はじつにあっさりしているうえに他人にはピンとこないでしょう。でも、それでいいのです。自分の心に響けばよいのであって、何を選ぶかはその人の自由です。

さあ、56頁のワークで行動理念を書きはじめましょう。フィロソフィーを1枚の紙にまとめるには、まず自分の考えを書き出す練習をしなければなりません。そこでワークの質問に対して、真っ先に頭に浮かんだことを書き留めていきます。

どれも、あなたのやる気を駆り立てるものを探り当てるためのものです。答えに窮したら、「○○○をする必要があるという思いが、私を突き動かしています」という文章の空欄部分を埋めてみてください。それでも簡単に答えられない場合は、記憶を手繰り寄せて、あなたがもっともやる気に満ちて仕事をしていた時代を思い出してください。

これらの質問の目的は、あなたに大きな影響を与えた過去の体験にまつわる素材を引き出すことです。それが行動理念のベースになります。

答えは、長々と書く必要はありません。質問から連想した言葉やイメージを書き出すだけでじゅうぶんです。決してラクな作業ではありません。先を急がず、正直に答えましょう。飾らない自分を掘り起こすための質問です。

書き出したら、リマインダーになるものを、より具体的に絞り込みます。誰かが発した言葉でもいいですし、その時代と結びつく歌でもいいですし、その時その場にいて深く関わっていた人の名前でもかまいません。とにかく、あなたが当時のことを思い出すことができて、そのときの心境に戻れるようなことであれば、何でもいいのです。

たとえば、周囲の人が成長してステップアップするのをサポートすることにやりがいを感じ、実際に誰かの昇進の手助けをしたのなら、「スーザンの昇進セレモニー」というようなことが、あなたの行動理念になるかもしれません。あなたの心を強く揺さぶるような出来事や物事を思い出して、そこに自分の情熱を重ねましょう。できるだけシンプルに、率直に書いてください。

私の場合は、すでにご紹介したとおり「電球が灯る」なので、好きなことを聞かれたら、新しいアイデアについて人に教えることと、「理解できた！」という感覚が受講生に訪れる瞬間を目にすることだと答えます。「なるほど、そういうことか！」と思える機会を人に提供しているとき、私の仕事に対するわくわく感は最高潮に達します。

行動理念を完成させたばかりのときは、「こんな言葉でいいのだろうか？」と疑問に思うかもしれません。そこで、チェックリストに進みます。すべての項目にチェックがつけば、よい行動理念ができたことを意味します。逆に、チェックがつかないものがあった場合、再度その項目に立ち返って、モチベーションの源泉について深く掘り下げ、何があなたをやる気にさせるかを考えましょう。

行き詰まりを感じたとしても、ここは後回しにしてそのまま読み進んで、次のワークに取りかかりましょう。ほかの項目に答えるうちに、あなたを真に突き動かすものの存在が明らかになるでしょう。

あなたの内面に潜むモチベーションを知る。それはすなわち、焦点がはっきりしているゴールをめざすことです。明確なゴールがあれば、より多くの努力を重ね、試練も耐え抜くことができるでしょう。おもしろい仕事、充実感が得られる仕事なら、毎朝ベッドから起き上がることが楽しみになるでしょう。

■ 行動理念をつくるために次の質問に答えましょう。

① あなたはなぜ、毎朝きちんと起きられるのでしょうか？

② あなたはなぜ、張りきって職場に向かうのですか？

③ 好きなものを聞かれたら、どう答えますか？

④ あなたが得意としていることは何ですか？

⑤ もっともやる気に満ちて仕事をしていたとき、どんな状況だったのですか？

⑥ あなたをわくわくさせたものは何ですか？　難しい課題に直面したから？　学びのため？　たんにその仕事をやること自体にやりがいを感じたからでしょうか？

⑦ そこまでその仕事を楽しいと感じた理由は何ですか？

■ 自分を動機づける行動理念

Check

☑ あなたの行動理念の効力を測るセルフチェック

- □ 私にとって大切で意味のあることを、すばやく思い出させてくれる。
- □ これを読んで背後にあるストーリーを思い出したとき、心が強く揺さぶられる（ポジティブ、ネガティブ、どちらでもOK）。
- □ 行動理念の意味を聞かれたときに、簡単に説明したり背後にあるストーリーを語ったりすることができて、それによって自分という人間をより深く理解してもらえる。
- □ このストーリーを誰かと共有すると、自分の内面に深く関わることをその人と共有することになる。
- □ このストーリーを思い出すと、そのときと似たような状況に再び直面したときに、自分がどんな行動をとるべきか（あるいはその逆）を教えてくれる。
- □ この行動理念に沿った意思決定を続けていれば、自分をやる気にさせたり、奮い立たせたりすることにつながる。

どんな人間になりたいのか？

立ち止まって将来について考えてみる――。あなたがこれを最後におこなったのは、いつのことですか？　そのときに頭に描いた「未来のあなた」は、どんな人でしたか？　あなたの人生は、どこに向かって舵を切っていますか？　人生の終盤はどんなふうになっていると思いますか？　あなたが人生を通してやってきたことが積み重なると、それはどんな景色になっているでしょうか？

株の投資先を検討してほしいとか、リタイア後の人生設計を語ってほしいとか、そういうことではありません。日常の暮らしから一歩引いたところから、自分に対してこう問いかけてほしいのです。

「私はどこへ行きたいのだろうか、どんな人間になりたいのだろうか？」

自分はどのような考えをもち、この先どういう人間になりたいのかを、はっきりと口にすることができれば、あなたは自分の価値観やめざすもの、抱負や夢について、周囲に多く語ることができます。あなたの目標が見えるようになり、あなたの意思決定の意図をくみ取ることができるので、あなたが決めたことは周囲の人々にとって、より大きな意味をもちます。リーダーとして、あなたはより多くの信頼を得られるでしょう。

未来の自分を定義する

未来の自分について、じゅうぶんにパワフルな青写真を描くことができたら、意思決定がラクになり、満足度も上がります。なりたい自分になるためには自己研鑽を要するでしょうが、新たな門戸が開かれ、さらなるやりがいを感じるものに出合えるでしょう。この循環は繰り返されるはずです。

私が描く未来は、学ぶことと教えることに尽きます。相手の頭の中で電球がぱっと点いたとき、私はとても大きな充実感を味わいます。自分の引き出しと知見が新しい知識へと進化して、それを人と共有できるようになったときには、その喜びはさらに大きくなります。学ぶこと、人と分かち合うこと、成長していくことが、私がこれまでやってきた仕事のなかで、もっともやりがいを感じることなので、これから先もずっと続けていきたいです。このようなコンセプトと感情を足し合わせると、私の行動理念は次のようなフレーズになります。

「学ぶこと、教えること、コーチング。これをずっと続けていく」

未来の自分には、こうであってほしいのです。私がこの世を去ったあと、私を偲んでくれるなら、私から教わったことを話題にしてほしい。いかに与えられた機会を無駄にせずに、学ぶ、教える、コーチングに情熱を傾けていたか、憶えていてほしい。私は人の力を伸ばすこと――しかも、その人自身の予想をはるかに上回るスケールで――のお手伝いをしていたことを、憶えていてもらいたいのです。

これと「電球が灯る」という行動理念とのあいだには、一貫性があることがわかると思います。「電球が灯る」という感覚を知っているからこそ、私は毎朝仕事に出かけるし、自分が人に与えるポジティブな影響力を実感できるし、つねにそうしたよい結果につながるように、自分の行動に一貫性を保つことができるのです。

「電球が灯る」をさらに一歩進めた先にたどり着いたのが、「学ぶこと、教えること、コーチング」です。電灯を点けるだけではなくて、ずっと点灯し続けるための知見を増やしていくわけです。これは、私の内面に深く踏み込んだ行動理念であり、自分を突き動かすものを教えてくれます。これを共有した人とは、信頼関係を築いています。なぜかというと、私は自分の夢について話すので、その人たちは私のことをより深く理解できます。

この行動理念は、自分に明確な方向を示してくれます。物事を決めるときの手助けにもなります。ＡかＢかで迷うとき、「なりたい自分」に合った道を選ぶように導いてくれます。さまざまな局面でこの行動理念を採用すると、自分がめざしているものに近くて納得できる役割や仕事を、選びやすくなります。つねに意思決定に反映できるとは限りませんが、行動理念があるからこそ、「なりたい自分」と、それに近づくためにとるべき行動とのあいだに一貫性を保つことができます。

私も人間ですから、「つねに学び、つねに教える」という目標どおりに動けないときもあります。みずから設定した水準に到達できなかったときは、ひどく落ち込みます。「学び、教え、コーチングをする」という行動理念は、私に自己評価を迫ります。仕事の出来栄えが不十分だったときには、私に自分の水準を再認識させ、何が足りないのかを考えさせてくれます。目標に焦点を合わせ、何を選ぶべきかをつねに意識するように、導いてくれます。さらに、失敗についてもはっきりさせてくれます。

果たして「学ぶこと、教えること、コーチング。これをずっと続けていく」という行動理念が私をどのように導いてきたのか、具体的にお話ししていきましょう。

そもそも私は起業家ですから、私に指示を与える上司はいません。もちろん、クライアントの要望はありますが、ビジネスを日常的に回していくうえでは、自分で多くのことを決めています。現在の会社をはじめたばかりのころは、一緒に仕事をする人は誰もいなかったので、信頼している人たちにアドバイスを求めながらも、最終的には必ず自分で判断して決めなければならなかったのです。

事業を大きくしようとしていると、新たな収入源となるような仕事が色々と舞い込んできました。たとえば基本的なコンサルティングのプロジェクトだと、報酬は高いのですが、新たな知識を掘り起こすことは要求されておらず、教えるという要素もあまり含まれていませんでした。研修を中心とした仕事の依頼もあったのですが、こちらは表計算のモデルをどう組み立てるかとか、プレゼン資料をいかに見栄えよくつくるかというような、初歩的なスキルがテーマのものばかりでした。こちらは教えるという色合いが濃いですが、知見を活かすとか、新しい知識を掘り起こすようなことは求められていませんでした。

ここで私はジレンマに陥りました。お金のために、やりがいのない仕事を引き受けるべきか、それとも、「学び、教え、コーチングをする」を貫くために、新たな収入源となるオファーを断るべきか――。

起業して間もない人間にとって、現金が入ってくる仕事を断ることは不可能に近いです。

私もできませんでした。だから、「学び、教え、コーチングをする」という3要素が欠けているコンサルティングの仕事を引き受けました。そのプロジェクトは、戦略の立案や事業開発を集約して取り組んでいくような内容で、クライアントのスキル開発や新たな知識の創出といった要素は、ほとんどありませんでした。自分がやりたいと宣言した仕事とは、かけ離れていたのです。

ところが、流れは変わるものです。コンサルティングの仕事に70パーセントの時間を取られるものの、残りの30パーセントの時間では、私が自分のビジネスの核だと考えていた研修とコーチングの事業を開発することに専念したのです。コンサルティングのほうは、目標を達成するための手段と割り切りました。私の会社にとって、コンサルティングが中核ビジネスであるとは、まったく考えませんでした。会社としてほんとうにやっていきたい分野を伸ばすために必要なお金を稼ぐために、引き受けたにすぎません。1年後に、そのプロジェクトは終了しました。それまでには研修ビジネスが軌道に乗ったので、私はこちらを専業として移行することができました。

「電球が灯る」と「学び、教え、コーチングをする」という2つの行動理念があったから、私は長期的にやりたいと思っていたことに忠実でいられたのです。コンサルティングは一時的な仕事であること、研修ビジネスの開発にも多くのエネルギーを使うべきであることを、2つの行動理念は日々私に思い出させてくれました、コンサルティングで稼ぐことによって、私がほんとうにやりたいことができなくなってしまわないように、盾の役割をしてくれたのです。もちろん、目標と合致しない仕事をすべて排除できたわけではありませんが、合わないものは極力遠ざけて、私自身がぶれずにいられたのは、行動理念のおかげです。行動理念は、つねに白黒がついているわけではなく、時にはグレーになることもありますが、あなたが選ぼうとする選択肢のプラスとマイナスの両面を照らしてくれます。

先のプロジェクトと同じようなコンサルティングの依頼が、その後も舞い込んできました。その多くは、よくある一般的なプロジェクトか、技術的なスキルの研修がメインでした。人々の頭の中にある「電球」を点灯させるようなものではありませんし、「学び、教え、コーチングをする」とは一致しないので、今ではこうしたオファーは断っています。それなりに高い報酬の仕事を自分から遠ざけるのはつらいですが、「お引き受けできません」と言えば、楽しくない仕事をしなくてすむのです。

やりがいを感じられないプロジェクトを断って確保した時間とエネルギーは、心から好きな仕事を伸ばすことに使えます。研修の仕事を増やせば増やすほど、私はハッピーになるので、より多くの情熱をビジネスに傾けられます。プラスの循環では、情熱が仕事の出来栄えに直結します。パフォーマンスが高ければ、同じクライアントからまた仕事をもらえます。リピートしてもらえれば情熱が高まるので、よいことが続いて起こります。私の場合、２つの行動理念がプラスの循環を引き寄せ、私を惑わすようなプロジェクトは遠ざけてくれます。この循環が繰り返されるたびに、「未来の私」はつねに学び、教え、コーチングをしているという目標を達成する確率が上がっていくのです。

本書はあなたが行動理念をつくるお手伝いをするためにワークで問いかけをしていきますが、「これをめざして頑張るべき」というような他人の意見に左右されてはいけません。たっぷりと時間をとって、自分自身の答えを考えましょう。日常のゴタゴタから離れて思考をクリアにするには、公園を散歩したり海辺を歩いたりするのも、よいかもしれません。

未来の自分について考えるときは、目の前にある現実から自分を解放し、できるだけ遠い未来を想像してください。「どんなことができるか」について考えるときに、現在の仕事、懐事情、家族のこと、交友関係、そして今のあなたの言い分はすべて、あなたの視界を曇らせます。のちほど、現在の自分と向き合う作業をするのでご安心ください。

未来に起こり得るかもしれない事柄についても、考えないようにしましょう。株価の暴落、戦争、企業の合併、リストラなど、あなたの人生に影響を与えるかもしれない出来事は無数にあり、どれもあなたがコントロールできることではありません。唯一あなたがコントロールできるのは、予測できない世界で自分はどうやって生きていくか、ということだけです。

もしあなたが来るべき時代を予想して、それに基づいて自分の方向性を決めようとするならば、それは自分をリードするのではなく、有事の対策を練っていることになります。真のリーダーは、まず自分が理想とする未来を描き、その青写真に合わせて時代をつくっていき、理想を実現します。混沌とした世界で踏み止まるのはどのような人物かを定義することは、あなた自身が変わることを示唆しています。惰性で続けていることにピリオドを打ち、「なりたい自分」に向かう勢いをつけていかなければなりません。

では、どうやって「未来の自分」を定義していくのでしょうか？　あなた自身に焦点を当ててください。あなたを取り巻く世界がどのようになっているかに関わらず、あなたはどういう人間でありたいのか、それを考えるのです。

70頁でご紹介するワークの中でも、次の2つはとくに難しい問いですから、答えを思い浮かべることもままならないかもしれません。


自分の墓碑にどんな言葉を刻みたいですか？

キャリアの（もっと高尚に言うと人生の）集大成は、どんなものになっていると思いますか？

この2つの質問の目的は、あなたが人生で叶えたいと思っていることの本質を明らかにすることです。たとえば、あなたは世界の人々に伝えたいことがあり、精力的に執筆する作家になるのが夢だとします。そんなあなたの行動理念を示すキーワードは、「ニューヨーク・タイムズ紙が選ぶベストセラー本」かもしれません。あなたにとって大きな意味があり、「なりたい自分」を言い表している目標――。そこに手が届くようにあなたを鼓舞してくれるものを選びましょう。

私は自分の墓碑に、「彼はつねに学び、教え、コーチングをしていた」と刻まれたいです。あなたにはどんな言葉がふさわしいと思いますか？

真っ先に頭に浮かんだことを書いてください。くれぐれも、バズワードは使わないように。他人は自分にこんなことを期待するだろうといった、表面的なことにとらわれてはいけません。リアルなあなたを表現してください。

未来の自分を定義したら、あなたが大切にしたいことと直接結びつくものを探します。何でもいいので自分の理想を思い出させてくれるものを見つけましょう。あなたの心を強く揺さぶるものは何でしょうか。それを書き留めて、その中からあなたにもっとも強く語りかけてくるストーリーや文章を選びとってください。そして、そのストーリーや思い出と結びつくもの――あなたの心を揺さぶる要素がすぐにわかるもの――を、突き止めてください。

改めて「未来の自分」を一言で言い表せるような短い言葉を再考しましょう。そして、その言葉があなたをリードしていけるだけの力をもっているかを測るために、ワークにはチェックリストを用意しました。

もし、すべてにチェックがつくならば、あなたは「未来の自分」を定義することができています。「未来の自分」について明確なイメージをもつことは、リーダーとしての行動理念を確立するための第一歩です。意思決定の方向性と意味合いが明確になっていきます。

あなたというリーダーをより深く理解することによって、チーム内での信頼関係も強化されます。

■ 行動理念をつくるために次の質問に答えましょう。

① あなたは自分の墓碑にどんな言葉を刻みたいですか？

② キャリアの（もっと高尚に言うと人生の）集大成は、どんなものになっていると思いますか？

③「こうありたい」と思っていることを、実践できた経験はありますか？

④ あなたの理想を体現している人物がいるとしたら、どんな人ですか？

⑤ あなたの夢を思い出させてくれるもの（本、曲、映画、詩など）は、何ですか？

■ 未来の自分を定義する行動理念

Check

☑ あなたの行動理念の効力を測るセルフチェック

- □ これから先のキャリアで、自分がこの言葉を使っている姿を想像できる。
- □ 自分がどのような人生を送りたいのか、ほかの人がすぐに理解できるようなかたちで、この言葉の背景にあるストーリーを説明できる。
- □ この言葉を読んで、「これが私という人間なんだ！」と思える。

ぶれない行動基準をつくる

これまでにつくった行動理念によって、あなたのめざすものがはっきりしました。そこからぶれないためには、どうしたらよいでしょうか。

人は時に、歪んだ判断をしてしまいます。プレッシャーにさらされていると、平時ではしないような不本意な意思決定を断行する場合もあります。あるいは、大嫌いだった上司のような暴君に、自分が知らないうちになっていたということはないでしょうか？　自分は絶対にそうはならないと誓ったはずなのに、子どもと過ごす時間が少ない親になっていませんか？　もしくは、出世のためなら同僚を出し抜くこともいとわないというレッテルを貼られてしまい、不本意な思いをするかもしれません。

目的地にたどり着くために抱く野心や競争心は、時としてめざしていたリーダー像からかけ離れた行動をとるように仕向けることがあるのです。

なぜガイドラインが必要なのか

人間に過ちはつきものだからこそ、生き方の指標をもちましょう。どんな状況でも理想とする振る舞いを意識することができます。指標といっても、「やるべきこと」「やってはいけないこと」をリストアップする、ということではありません。

どの状況でも、個別の対応が求められます。その都度新しい要素を考慮して判断せざるを得ないため、細かく決められたルールでは対応できません。幅広い状況に対応できるシンプルな指標をもつほど、大きな力を発揮します。

これからつくる行動理念は、あなたの判断基準をシンプルに言い表すものです。ですから、熟慮できる環境でこの作業をおこないましょう。何らかのプレッシャーを感じているときにおこなうと、今の自分に足りないものをごまかすために、つい抜け道を用意してしまいます。

たとえば、あるプロジェクトを期日に間に合わせるために、道義的に疑問符がつく手段を講じなければならないとしましょう。そんなときにこの作業をすると、「犯罪でなければ、ちょっとした過ちは許容範囲だ」という感覚で、行動理念を考えてしまうでしょう。

たとえ不可避の嵐が到来したときでも、行動理念はあなたの高潔さを守り、目的地へと導いてくれます。平穏なときに行動理念をつくっておくことの意義は、まさにこの点なのです。

私は以前、どの選択肢を選んでも痛みが発生するという、非常に困った状況に置かれたことがあります。決めなくてすむのならどんなにいいものかと思いましたが、リーダーという立場にあり、意思決定をしなければなりませんでした。このように心がざわざわするときこそ、まさしく自分の行動理念に従って決断する絶好の機会です。長いあいだに、私はこういうときに頼るべきものを2つもつようになりました。

「こんなとき、おばあちゃんなら何て言うだろう？」
「鏡を見ずにひげを剃るのは難しい」

どちらもシンプルでわかりやすく、かつ私の感情に強く訴えてきます。誰にとっても「おばあちゃん」から言われたことは特別で、感情を揺さぶられますよね？　この2つは、自分自身を俯瞰して眺めることを促してくれます。祖母の期待を裏切るようなことをしでかす――。そう考えただけで、私はよからぬ行動を思い留まります。

ひげ剃りは、自分が決めたことはすべて受け入れなければならないことを思い出させてくれます。毎朝鏡を見て、そこに映っている自分の姿に納得していなければなりません。

これらの行動理念は容易に説明できますし、理解されやすいです。ところが、実践するとなると――とくに大きなプレッシャーがのしかかっている場合は――難しいです。いくつか、実例を挙げてご説明しましょう。

私がまだ若い小隊長だったときのことです。定期的に実施される野外軍事演習から戻ると、私たちは必ず機材をすべて点検していました。あるとき、軍の車両が集められる場所へ行くと、私たちの隊の戦車の主砲を動かすのに使った道具がなくなっていることがわかりました。「まあ、大したことではない。備品管理部門に頼んで新しい道具を調達しよう」と思いました。

ところが、担当者を通じて注文しようとすると、その道具を手配するには2600ドルもかかると言われたのです。それは当時の私の年収の10パーセントに相当します。さらに悪いことには、そこまで大きな金額になると、なぜ道具がなくなったかを正式に調査する必要があり、その結果によっては懲戒処分が下される可能性もありました。こんなかたちで軍でのキャリアをスタートさせるなんて、考えてもいませんでした。

気が動転した私は、小隊で私の副官を務める軍曹のもとへ走り、助けを求めました。「隊長、大丈夫ですよ。昼食のあとで相談しましょう」と軍曹は言ってくれたのですが、私の心配は消えませんでした。食事を終えて会いに行くと、彼は「本日中にその道具を手に入れますから、隊長は売店でコールマンのキャンプ用コンロを2つ買ってきてください」と言うのです。「うちと親しくしているところの隊員が、あの道具を1つ余分に持っているんですよ。で、そいつは野外で使うコンロが欲しいそうです」

私は安堵すると同時に、困惑しました。余っている道具を分けてもらう代わりに2つのコンロを買えと、ゆすられているわけです。余分といっても、それは野外軍事演習で誰かが落としたものを、たまたま見つけて拾ったのではないかという気がしました。彼らも我々も同じ訓練に出ていたので、もしかしたらそれは私の隊が失くした道具かもしれないのです。しかしながら、80ドルを払ってコンロを2台購入すれば、2600ドルの損失で私の懐を痛めるか、正式な調査を受け入れるかという決断を回避できるのなら、ありがたいことです。結局、私はコンロを買いました。

今にして思えば、この決断は祖母が褒めてくれるものではありません。祖母はきっと、道具の紛失をきちんと報告して、部隊のルールに則って問題解決しなさいと言ったでしょう。もしあのとき私がその道を選んだら、捜索チームを訓練地へ派遣したり、予備をどこかに保管していないか全員で機材の総点検をしたりしたかもしれません。あるいは、男らしく制裁を受け入れる（金銭、規律の両面で）という道もありました……。

そのいずれもせずに、ラクな道を選んで危機を切り抜けたのです。強いストレスがのしかかり、自分が下す決断に伴う代償を正確に認識していませんでした。私は上官でありながらグレーな市場原理に加担してしまったので、兵士たちに対して暗に「余分な道具をもし譲ってほしいと言われたら、個人的に売ってもかまわない」と言っているようなものでした。歯止めが利かなくなれば、ほかの隊から道具を盗み、高値でふっかけることを奨励することになりかねません。

もし私が潔く責任を取る道を選んでいたら、もっとよい解決法を学んでいたでしょう。少なくとも自分の隊のモラルを低下させるのではなくて、高めていたはずです。あのときの自分の決断を、私は今も後悔しています。しかし、1つだけ収穫がありました。それは、いかなる状況においても、行動理念があれば正しい結論に導いてくれるという思いが、あの経験を思い出すたびに強くなることです。

今度は、これとは対照的なエピソードをご紹介しましょう。

私の会社は以前、あるクライアントに研修を提供する契約を結びました。口頭で合意した段階では、講習の参加者1人につきいくら、という料金設定が必要だという話になっていて、参加者の最低人数も確約するということでした。ところが実際の契約書を受け取ると、クライアント側がミスをしていることに気づきました。彼らの作成した文言に従えば、口頭での取り決めで両者が合意した以上の金額に膨らんでしまうのです。そのとき私は自分にこう問いかけました。

「こんなとき、おばあちゃんなら何て言うだろう?」

明確な答えが、すぐに浮かびました。私はクライアントにメールで連絡し、契約書の価格に関する記述に誤りがあり、彼らが私たちに5000ドルあまり多く支払うことになると説明しました。

契約前に私から修正を申し出たという話は、先方の社内であっという間に広まりました。このあとで、当社の評判はさらに上がりました。もし、あの段階で私が間違いを指摘せず、あとになってクライアントが気づいたとしたら、どうなっていたでしょうか。「契約書のチェックがいい加減だ」と言われるだけならいいのですが、最悪の場合、私は詐欺師のレッテルを貼られていたかもしれません。

すぐれた行動理念は、このように正しい判断へと導き、自分で決めた道から逸脱しないように、あなたを守ってくれます。道徳的に正しい選択をしても、それがつねにビジネスによい結果をもたらすとは限りません。しかし、人として豊かな人生を送りたいのであれば、倫理に関するしっかりとした行動理念をもつことが大切です。

祖母の教えと「鏡に自分を映す」という2つの行動理念があるおかげで、私は倫理的に正しい判断ができます。祖母を悲しませるようなこと、鏡に映る自分の姿を直視できないような行動をとることに対して、私は躊躇します。もちろん、お粗末な判断をすることもありますが、自分のめざすもの——個人的な夢、お金に関わること、仕事の目標——を手に入れるために倫理観を犠牲にしたくはありません。

私にとって、この2つの行動理念は揺るぎないものであり、「自分はどう振る舞いたいか」を思い出させてくれ、難しい決断を迫られているときに進むべき方向を示してくれます。だから私は、日々これらに見合う行動をするように、ベストを尽くしています。

あるメーカーに勤務するジャビエは、次のことを行動理念のベースにしています。

「子どもたちもフェイスブックをやっている」

彼から聞いた話によると、とあるパーティーでいつの間にかたくさんの写真を撮られていて、彼はやや不適切なポーズ（笑えるけれど）で写っていました。楽しいひとときを過ごしたものの、その数日後、友人がフェイスブックに投稿した写真に思春期の娘たちがコメントしているのを見て、驚愕したそうです。彼自身の言葉で、当時のことを語ってもらいましょう。

自分の品格が地に堕ちたように感じました。とても恥ずかしい写真を2人の娘に見られてしまったうえに、2人がコメントを投稿したので、彼女たちの友だちやら私たちの親戚やら、多くの人の目に触れてしまったのです。

スキャンダルに発展するような写真ではありませんでしたが、娘たちに見られたという事実を思い出すと、嫌な気持ちになりました。自分がしたことはすべて娘たちに影響が及ぶ――とくにネットで簡単につながってしまう時代において――ということを、痛感させられた出来事でした。

それ以来、妥協しそうな局面ではフェイスブック事件を思い出して、「こんなことをしたら娘たちはどう思うだろうか」と自分自身に問いかけるようにしています。彼女たちに知られて恥ずかしいことは、やらないにこしたことはないのです。

さあ、あなたも書いてみましょう。自分がどのような倫理観に則って行動したいのかをはっきりさせるために、「目標達成のために犠牲にしてもよいもの」「自分にとってこれは譲れないというもの」は何かを考えてみてください。

とても大きな、かつ重たい質問です。答えは仕事だけではなく、人生のあらゆる側面を網羅していなければなりません。この答えが汎用的だと、さまざまな場面でとる行動に一貫性がもたらされます。一貫性は、つねに正しい振る舞いをする「筋肉」を鍛えてくれます。仕事とプライベートで倫理観を使い分けていて、それぞれがばらばらだと、キャリアの致命傷になりかねない事態が発生します。一貫性はそのようなことを防ぎます。

政治家や企業の幹部が失脚するのは、職業倫理に問題があったというよりは、プライベートで過ちをおかしたことが原因であることが多いです。あなた自身をリードする行動理念が仕事でもプライベートでも通用するものであれば、公私のどちらかの場で過ちをおかしても、もう一方にダメージを与えるようなリスクを軽減できます。職場を離れているときの行動が、自分自身や部下たちに設けた水準と矛盾していたら、あなたがリーダーとして信用されることは難しいでしょう。

84頁のワークは先の質問を少し噛み砕いたものです。他人の目には触れないのですから、最初に浮かんだ考えや素直な反応をそのまま記録しましょう。「正しい答え」よりも、正直な答えを書いてください。あなたが深く信じているものだけが効果を発揮します。

答えを書いたら、それを俯瞰して眺め、セルフチェックに進みましょう。これを繰り返すうちに、行動理念としてかたちになっていきます。

質問の答えから、あなたの心をもっとも強く揺さぶるエピソードや言葉、あるいはイメージを、1つか2つに絞り込んでください。それが難しい選択を迫られたときの指南役になってくれます。

私の場合は「おばあちゃん」と「鏡」に集約されました。たとえば、私が家族をないがしろにして週に90時間も働き続けたとき、嘘をついたり、安易で間違った道を選んだりしたとき、祖母が何を言うのか想像がつきます。

ぜひ、このようにシンプルでありながらも感情に強く訴えるものを、書いてほしいのです。たとえば、少年時代にボーイスカウトに入っていたのなら、倫理と道徳を含んだ「ボーイスカウトの誓い」があなたの行動理念になるかもしれません。

その言葉の強さを測るために、かつて難しい選択を迫られたときのことを思い出し、そこに当てはめてみましょう。正しい判断をしたときでも、その逆でも、どちらでもかまいません。

自分の振る舞いを決める指標をはっきりと示した行動理念をもつと、行動規範ができあがります。難しい判断を迫られたときでも、「こうありたいと思う姿」に矛盾しない選択へと導いてくれます。行動理念は、あなたをトラブルから遠ざけてくれますし、チームのメンバーにとっても、リーダーであるあなたがなぜ厳しい決断をせざるを得なかったのか、理解しやすくなるのです。

■ 行動理念をつくるために次の質問に答えましょう。

① 自分の目標を達成するために、犠牲にしてもよいものは何ですか？

② あなたにとって「これは譲れない」というものは何ですか？

③ キャリアの目標を達成するために、犠牲にできるプライベートの時間はどれくらいありますか？

④ プライベートの時間を増やすために、収入の増加につながる仕事をどれくらい犠牲にできますか？

⑤ 家族の行事と仕事関係の大事な用事が重なったときは、どちらをどのように選びますか？

⑥ 苦労する正しい道と、安易で間違っている道があったら、どちらを選びますか？

⑦ 倫理的に正しいことと正しくないことを、どう区別して説明しますか？

⑧ 過去の正しい決断を振り返ってみて、今後も正しい決断をするために役立つものはありますか？

⑨ もし判断を誤った場合、同じ間違いを繰り返さないためにはどうしたらよいと思いますか？

■ 正しい判断をするための行動理念

Check

☑ あなたの行動理念の効力を測るセルフチェック

難しい選択を迫られたときのことを思い出し、その状況に当てはめてください。

- □ この行動理念があったなら、正しい決断に導いてくれた。
- □ 当時の自分がこの行動理念をもっていたら、よりよい選択肢を選んでいた。

困難に屈しそうになったら……

これまでに書き上げた行動理念は、あなたを正しい方向に導いてくれます。さらに先へ進むために、壁にぶつかったときの対処方法を知っておきましょう。逆境に陥った自分を鼓舞し、前を向くように励ましてくれる行動理念をもつのです。

いつも誰かがそばにいてくれて、あなたの悲観的な見通しを改め、励ましてくれるとは限りません。平和でうまくいっているときに書いた行動理念は、厳しい状況に置かれたときにあなたを勇気づけてくれます。これから取り組む作業を終えたとき、よい行動理念ができていれば、将来暗雲が立ち込めても、希望の光になってくれるはずです。

みずからを鼓舞して立ち上がる力

子どものころは、つらいことがあっても親が慰めてくれましたし、学校では先生やコーチが助けてくれました。社会人になって間もないころは、上司がかばってくれることもありました。彼らは一様に「立ち上がりベストを尽くせ！」と激励し、守ってくれて、つらい状況でもいつかは希望の光が見えると教えてくれました。尊敬する人たちから温かい言葉をもらうと自信を取り戻し、元気になったものです。

ところが問題が複雑化した現代にあっては、こういう人たちはいなくなってしまったか、その影響力は衰えてしまいました。だから私たちは、人の助けを借りずにみずからを鼓舞して立ち直る力が求められています。しかし、「言うは易く、おこなうは難し」です。

物事がうまくいっていないときは、奮起するよりも大事なことがあります。部下たちはあなたの行動を見て、この難局をどうやって切り抜けるべきかを判断するのですから、そのことを忘れてはいけません。ネガティブな姿勢は周囲に伝染します。逆に、あなたがすっと立ち上がって困難に立ち向かえば、周囲もその姿勢に反応します。

困難な状況下でリーダーとして真っ先にやるべきことは、その苦境によって大きな痛みがもたらされるという事実を認めることです。現実を曲げようとしても勝ち目はありません。物事の好転を願ったり責任を転嫁できる相手を探したりするのは、貴重な時間と労力の無駄遣いです。深呼吸したら、冷静に事実を把握しましょう。事態を招いた背景についての憶測や個人的意見は、あなたの視界を曇らせ、選択肢を狭めてしまうだけです。起きてしまったことは、ありのままに受け入れて、前に向かって解決することに注力しましょう。

このとき行動理念をもっていれば、自分の焦点を設定し直すことができます。私の場合、困難な状況で頼りにする行動理念は2つあります。

1つは、状況を把握する手助けをしてくれるので、より生産的な方法で状況を打破することができます。もう1つは、傷ついた自分を励ましてくれます。では、なぜこの2つにたどり着いたのか、実際に私を逆境からどのように救ってくれたのかをお話ししましょう。

私は、よく文句を言うことで知られていました。起きてしまった状況について、口をとがらせてくどくど言う傾向があったのです。

あるとき、私が進行役を務めていた会議でいつまでも愚痴を並べていると、ある立派な上司がため息をついて、こう言いました。

「状況は見てのとおり。きみはどうやって対処するつもりなのか?」

顔面にパンチがクリーンヒットしたかのようでした。彼はこのシンプルなコメントと質問によって、過去は過ぎ去り、私の役目はチームを前進させることであると、見事に指摘したのです。デスクに戻ると、私はすぐに上司の言葉を自分の行動理念に書き加えました。繰り返しになりますが、偉大な思想や言葉などを拝借して自分の行動理念として使ってもかまいません。

「状況は見てのとおりだ」。この言葉を私は数えきれないほど自分に言い聞かせてきました。同じ言葉をチームのメンバー、仲間、上司、そして友人たちに対しても、生産的な方向へ話をシフトさせるために使ってきました。あるメンバーに対しては、ことのほか頻繁に使ったので、彼は文句を言おうとするたびに、私がデスクの壁に貼ってある行動理念を指し示すことを知っていました。声をかけられて私が振り向こうとするやいなや、「ええ、わかってますよ。大事なのはどうやって対処するか、ですよね？」と言いながら自分の席に戻り、問題の解決にあたっていました。

これを長年使っているうちに、よくない状況に対して以前よりも迅速に対応するようになりました。かつてコンサルティング案件で悪い評価をもらったときのことを41〜43頁でお話ししましたが、私は、行動理念のおかげで自分に対する低評価（それは正当な評価であることを明確に示していました）について言い訳をせず、現実を受け入れ、前だけを見ることができたのです。査定での会話は、とても生産的でした。改善の道筋をつけることに終始したからです。査定をした人も私も、はっきりとした目標を設定し、前へ進むためのアクションに注力することになりました。

悪い査定を受け入れるのは簡単ではありませんでしたが、かといって、あたかも大惨事であるように感じる必要もなかったのです。「状況は見てのとおり」という言葉のおかげで、私は冷静に状況を見据えて生産的に考えることができました。

では、もっと決定的に打ちのめされたとき――キャリアにおいて滅多に起こり得ない悪い状況――は、どうなるのでしょうか？　「状況は見てのとおり」では立ち直れない場合もあります。この世の終わりのように感じているときには、もっとパワフルな行動理念が必要です。大昔のことになりますが、私は幸運にも、そんなときに必要な言葉を見つけました。

中学生のときのことです。ヘミングウェイの『老人と海』が課題図書として出され、短編で釣りの話だったのでおもしろいと思ったものの、終わりのほうまでは一気に読み飛ばしたのを憶えています。老人が精魂尽き果てそうになっても魚と格闘している場面で、私の目は、次の2行にくぎづけになりました。

「しかし、男は負けるために生きているのではない。男は打ちのめされることはあっても、打ち負かされることはない」

この部分を何度も読み返した記憶があります。私の心に強く訴えるものがあったのです。そしてこの文章は、その後あらゆる局面で私の人生を変えてくれました。

ヘミングウェイの言葉が、私にとって最初の行動理念になりました。あまりにつらいので陸軍士官学校から退校したいと思うたびに、この文章にすがって力をもらいました。私が目標を達成しようとする道を阻む方法は1つしかなくて、それは粉々に打ち負かされることであり、私が自分からあきらめることではないと、ヘミングウェイの言葉が思い出させてくれました。どんなに心が折れそうになっても、いつも私を立ち直らせてくれました。

仕事でも、ヘミングウェイの言葉で救われたことがあります。あるプロジェクトを担当したときのことです。最初はとてもやりがいがあって、重要な仕事でした。私はリーダーの役割を与えられたので、その仕事ぶりは組織の上層部にはっきりと見えるかたちになっていました。しかし、仕事が進むにつれて政治的な色合いが濃くなったのです。縄張り争いが勃発し、私の日々の業務はろくに頭も使わずに、ただスプレッドシートをつくり直すだけになっていました。次第に、会社へ行くのが苦痛になりました。行ってもどうせ表計算に明け暮れるか、社内の権力闘争に巻き込まれるだけだからです。仕事がはかどるような環境ではありませんでした。

不満ばかりを募らせた私は、ますます仕事から心が離れ、身が入らなくなっていき、不平不満を周囲にこぼすようになりました。チームのメンバーにはじまって、徐々に組織内の幅広い人たちを相手に、不満をぶちまけるようになったのです。仕事の質も、自分のお粗末な心構えに準じて下がっていきました。当時を振り返ると恥ずかしくなります。あまりにも仕事に対する姿勢が悪くなったので、ミスを連発し、敵をつくりはじめました。

そしてある日、あくまでもプライベートだと思っていたやりとりのなかで、私はプロフェッショナルにあるまじき言葉遣いで不満をぶちまけてしまったのです。翌日、プロジェクトチームのメンバーと会社の幹部を集めたミーティングで、ある幹部が新しいリーダーに私の同僚を指名しました。目の前で起きていることを、すぐには理解できませんでしたが、私は公の場でリーダーとしてのクビを宣告されたのです。私は怒り心頭で、頭の中にさまざまな思いが駆け巡りました。

「俺がこんな目に遭わされるなんて、ひどいじゃないか。会社に尽くしてきたのに！」

当時の私は、ネガティブな思考の連鎖に支配されていました。そのどす黒い渦の底で「この組織での自分のキャリアは、望ましくない方向に傾いてしまった」と、はっきり認識したからです。自分はもう終わりだと思いました。

その日はミーティングが終わってからずっと、私は自分なりの考えをまとめ直すことに時間を費やしました。粉々に打ち砕かれた自分の役割について熟考しているうちに、あのヘミングウェイの文章を思い出したのです。敗北とは、自分の負けを認めて戦いをあきらめることを意味する――。リーダーのポジションを失ったことは自分が招いた結果であるとわかっていたので、敗北を受け入れることは理にかなった選択でしたし、それをするのは簡単でした。履歴書を引っ張り出してきて新しい雇い主を探せばよいのです。でもそれは敗北を受け入れることを意味し、私が選ぶべき道ではないことを、ヘミングウェイの言葉は思い出させてくれました。

私は翌日からいつもどおり出社して、本来の自分ならできたはずのよい仕事を、粛々とおこなうようになりました。簡単なことではありませんでしたし、みずからつくってしまった自分自身の悪いイメージを周囲から払拭するまでには何ヵ月もかかりました。過去の振る舞いに対して耳の痛いことを言われ続けましたし、私の仕事は精査され続けました。無理もありません。ヘミングウェイの言葉を思い出し、自分で自分を叱咤激励しました。辞めることを考えなかったわけではありませんが、ヘミングウェイは私に「その道を選ぶな」と言っていたのです。

時間はかかりましたが、私はその組織に大きく貢献していることを証明することができました。あのプロジェクトで負った傷はしばらくついて回りましたが、最終的には癒えて、誰かに当時のことを蒸し返されるようなことも、滅多にありませんでした。

もし行動理念がなかったら、さっさと会社を辞めて敗北を受け入れていたでしょう。でも行動理念があったおかげで、「自分が会社を去るのは解雇されるときなのだから、そんなことが起きないようにするには、仕事で頑張ればよい」と悟ることができました。おかげでまた、キャリアを軌道に乗せることができたのです。

ほかにもう1つ、行動理念がその力を発揮した実例をご紹介しましょう。

ある会社で経理チームを率いていたシニア・マネージャーのマリアは、大きな重圧を感じる仕事をしていました。予算や決算、納税申告など財務の報告をするたびに、彼女のチームは仕事に忙殺されていました。ところが、長時間の残業が続いてバタバタとしているなかで、いかに難しいことが発生しても、マリアはすぐに苦境から脱していたのです。

彼女を奮い立たせていた行動理念のキーワードは、「2週間で200時間」でした。前の職場は大企業を顧客にもつ会計事務所で、彼女は企業の吸収や合併にまつわる業務を数多く担当していました。ある危機的な状況で、残業時間は2週間で200時間にのぼりました。ひどく疲弊し、難題が山積みになっていたそうです。マリアは、当時のことを次のように語ってくれました。
「あれほど懸命に仕事をしたのは、はじめてです。あの時期の勤務表を見ても、あれだけ働いたことが信じられませんでした。今でも危機的状況になると、『2週間で200時間』を思い出します。そうすると、目の前の仕事がそんなに大変なことに感じられなくなる。あのときの大変さを思い出すと、自分は過去にもっと大変な時期をくぐり抜けたことがあるのだから大丈夫だと思えるのです」

何を行動理念に使うかは自由です。私の場合は、中学生のときに読んだ本と、会社の上司から言われたことの中に見つけました。あなたも自分の行動理念を書くにあたって、あらゆるものにヒントを求めてください。言葉やイメージを使うなら、すぐにあなたの感情を強く揺さぶるストーリーを想起させるものでなければいけません。そして、できるだけ短くまとめましょう。

1つの行動理念にストーリーをすべて語らせようとしてはいけません。あくまでも、当時の記憶や感情を呼び覚ますきっかけになる言葉やイメージでよいのです。

過去に直面した試練と、それをどう乗り越えたかについて、思いを馳せてください。つらかったときの状況を振り返り、あきらめずに戦う道を選んだときのことを思い出しましょう。
1つは日常生活で遭遇するちょっとした障害を乗り越えるために、もう1つは将来の苦しい事態を乗り切るために、というように、異なる状況で使い分けられる複数の行動理念をつくっておきたいと思うかもしれません。もちろん、あなたの自由ですが、私はきわめて大きな問題に直面したときのためのものを、1つはもつことを強くお勧めします。

書き終わったところで、1日ほど時間を置いて見直してみてください。目の前が真っ暗に見えるような状況に置かれたときの自分を救うためのものですから、圧倒的にパワフルなものでなければいけません。

ここでつくった行動理念は、難しい局面を前向きに乗り切るために役立つはずです。あなたがどうやって問題や危機に対処するのか、チームのメンバーはつぶさに見ています。そのアプローチが効果的であれば、彼らはあなたをお手本にします。苦しいときでも前向きになれれば、あなた自身の仕事ぶりだけでなく、チーム全体の仕事にも、大きなプラスの効果を与えられるのです。

■ 行動理念をつくるために次の質問に答えましょう。

① 人生の試練と思える状況と結びつく言葉やイメージ、曲はありますか？

② そのときに一緒にいた人の言動で、苦境から脱するきっかけにつながったものはありますか？

③ 単独で行動していたのであれば、当時のあなたはどうやって発想を転換し、困難に立ち向かうことができたのですか？

④ 窮地に陥ったときに自分に言い聞かせる言葉、あるいは思い浮かべる人（ロールモデル）はいますか？

⑤ 困難を克服する原動力を与えてくれる歌や物語、詩はありますか？

■ 困難な状況を乗り越えるための行動理念

Check

☑ あなたの行動理念の効力を測るセルフチェック

- □ この行動理念は私の心を動かす。
- □ すべてを失ったという心境のときに、これを思い出したら勇気づけられる。
- □ 背後にあるストーリーをチームのメンバーに説明したら、私は難しい状況でどう自分を奮い立たせるかを理解してもらえる。
- □ この行動理念があったならば、過去最悪の経験のときにも役に立っただろう。

すべては自分に責任がある

責任をもって進めてくれる人が誰もいなかったら、いかなる物事も成立しません。チームとして引き受けた業務が最高レベルで執行されるようにするのは、リーダーであるあなたの仕事です。組織の文化やカラーを決めるのも、あなたの役目です。あなたという人がどのように責任をまっとうするか――。これを参考に、チームのメンバーは自分たちの動き方を決めるのです。もしあなたが結果責任を負おうとしなければ、チームのメンバーも右へ倣え、となります。みずから責任を引き受けることで、メンバーにも同じように高いモラルをもって仕事をするように要求できるのです。責任感は、まずリーダーであるあなたが率先して示さなければなりません。

いかに主体性を発揮するか

もしかしたら、あなたには上司がいて、その人の助けを借りて業務の割り振りをおこなっているかもしれません。もしくは、あなたは起業家で、仕事の中身もその執行も、すべてひとりで決めるのかもしれません。

いずれの場合でも、責任があやふやだと業務のやり残しやずさんな仕事、機会の喪失につながります。責任感の欠如は、自分のことを棚に上げて他人のせいにする責任のなすりつけ合いを生み出します。

自分自身をリードして責任をもつことの美点は、不都合が生じたときに問題を特定しやすくなることです。批判の矛先を自分にだけ向ければいいのですから。

誰だって失敗したくありません。なんとかして失敗を避けようとします。人のせいにして責任逃れをすることは簡単です。

しかし、誰かのせいにするのではなく、プロジェクトの失敗は自分たちの責任であるという姿勢を上司が示したら、どうなるでしょうか？　危機感をもって、やるべきことをやるようになるのではないでしょうか。

なぜ人はリーダーでありながら、結果に対してほかの人が責任をもってくれることを期待するのでしょうか？　そんな人が現れるのを待たずに、みずから責任をもてばよいではありませんか。

多くのマネージャーは（私はマネージャーとリーダーを区別しています）、自分が特定のことを任されていることは自覚していますが、「責任をもっている」と言えるところまで踏み込んで仕事をしている人は少ないです。「任されている」というのは、たんに不都合が生じたときに最初に呼び出される立場であることを示しているにすぎません。「責任をもっている」というのは、当事者意識をもって仕事をするということで、呼び出しの電話がかかってくる前に、問題を解決することなのです。両者には大きな違いがあります。

責任感の強いリーダーは、みずから進んで結果に責任を負うので、上司や顧客から求められる前に結果を出し、指図を受ける前に自分で問題を解決します。彼らは自分から物事を動かすのです。つまり、この差がマネージャーとリーダーを区別しているわけですが、この点については別の章で詳しく述べます。

責任にはプレッシャーが伴い、その不快感を取り除くために、人は結果責任から逃れようとします。困難な状況に陥ったときこそ、責任に特化した行動理念があれば、正しい道から足を踏み外すのを防いでくれます。プレッシャーに真っ向から立ち向かうと、「任されている」から「責任をもつ」へと大きな飛躍を果たせます。マネージャーとリーダーを隔てている境界線を超えられるのです。

結果に対して責任をもつことを私に促す行動理念は、次のようにシンプルなものです。

「問題を見つけた。自分が対処しなければならない」

これは、問題に遭遇したとき（あるいは自分で招いたとき）、私に解決する力を与えてくれます。ほかの人のところで問題を見つけた場合も、この行動理念は私にアクションを促します。だからといって、すべて自分自身で問題を解決する責任をもたなければならないというわけではありません。ここで言う「当事者意識」とは、たとえば仲間の部署に問題があることに気づいたら、解決するように伝えるだけでもいいのです。これとは正反対のアプローチが、「私の問題ではないから、私がどうにかする必要はない」と自分を正当化して、見て見ぬふりをすることです。

「問題を見つけた。自分が対処しなければならない」という行動理念は、オフィスのごみを拾うというシンプルなことから、ほかのグループの誰かがよからぬことをしているのでそれを正すといった重要なことまで、私に行動を促してくれます。問題を見つけたから何かすべきなのに、通り過ぎようとすると、しつこく私に良心を問うものなのです。

長年使っているので、今では自分の思考に組み込まれています。アイルランドのダブリンへ出張したとき、珍しく自由時間があって公園を散歩していると、ファーストフードを食べたあとのごみが草の上に捨てられているのを見つけました。でも、拾いませんでした。6ヵ月経っても、あのときほんの数歩先のごみをちゃんと拾わなかったことで、モヤモヤとした気持ちになりました。

読者の皆さんにごみ拾いをしなさいと言っているのではありません。あなたが関わっている組織に対して、あなたには責任があるのです。ごみ拾いのような小さなことも、組織のオーナーとしての責任を示すのです。

私が統括していた事業部で、技術インフラを担当していたときのことです。私のチームは、会社の全拠点に新しいプラットフォームを導入する仕事を任されていました。そして同社最大の拠点でもっとも忙しい月に、そのシステムをはじめてライブで導入することになっていました。ところが新システムへの移行が近づくにつれ、ＩＴ部門やベンダー、そして自分のチームからも、辻褄の合わない現状報告があがってきたのです。「ライブ導入」の２日前の時点で、スケジュールに大幅な遅れが生じていることは明らかで、システムの導入は間に合わないことがわかってきました。私はＩＴ部門に対して、納得がいく現状報告と万が一のときのためのプランを終業時刻までに出してくれなければ、私が自分でやるしかないと伝えました。これは、私が飛行機で現地へ行くことを意味します。

現状報告がないまま、そのタイミングを迎えました。翌朝、ＩＴ部門のもとに半狂乱になったベンダーから、「会社の幹部が現場にいて、導入担当チームを質問攻めにしている」という電話がすさまじい勢いでかかってきました。IT部門はベンダーに対して、「そこに誰がいるのか、私たちは把握していない」と答え、自分たちがなんとかすると言いました。ベンダーは、IT部門も知らないうちに、誰かが許可もなく自分たちのスタッフに指示を与えていることに対して、不快感を募らせていたのです。私のデスクに電話をかけ、応答メッセージを聞いた我が社の人間が、私の携帯に電話をかけてきました。

「うちの会社の幹部が現場にいて、自分たちのスタッフに指示をしていると、ベンダーが怒っているんですが、あなたのチームの誰かが現地へ行っているんでしょうか?」

「いや、現場にいるのはぼくだよ」と答えると、電話の向こうはしばらく沈黙してしまいました。「あのう、なぜあなたがそこに?」。

仕事がちゃんと進んでいないからだと、私は言いました。IT部門にもベンダーにも、正しい報告をあげて物事を前に進めてほしいと、私は何度も伝えてあったのです。しかし、結果に対して責任を負っている立場なので、導入の遅れを他人のせいにするつもりはありませんでした。自分でなんとかするために、現地へ行ったのです。

最善を尽くしましたが、1日の遅れが出てしまいました。しかしながら、もし私が朝6時の便で現地へ飛んでいなかったら、遅れは1週間になっていたはずです。私が行くべきかどうか、そもそも私が行ってもいいかどうか、上司には判断を仰ぎませんでした。問題を見つけたので、自分で解決しなければならなかったのです。

何人かの人を怒らせてしまいましたが、いちばん大事なことは、その拠点が新システムに移行し、それをビジネスで使えるようになることでした。その拠点は、私の顧客でした。なぜシステムが導入されていないのか、私やＩＴ部門やベンダーの言い訳なんて、顧客は聞きたくないはずです。現場へは行かず、自分のデスクから問題解決にあたるほうが簡単ですが、「問題を見つけた。自分が対処しなければならない」という行動理念が、結果に対して責任をもてと私の背中を押したのです。

私のクライアントであるジリアンは、とても困難な状況に足を踏み入れてしまったときに、自分が正しいと思った行動に出たエピソードを語ってくれました。

「私のチームに、すばらしく仕事ができる女性がいました。ところが半年くらいのあいだに、彼女の仕事ぶりは下降線をたどっていったのです。遅刻するようになり、やる気もなくなっていました。よき友人でもあったので、彼女のそんな様子を見るのはつらかった」

ジリアンは彼女に2ヵ月の猶予を与え、遅れを取り戻すように言いました。友人としてつらいものを感じながらも、彼女に率直なフィードバックを伝えました。

「でも、彼女が以前の仕事ぶりに戻りそうもないことがはっきりしたので、辞めてもらわなければなりませんでした。友人でもある人をクビにするのは耐えがたいことでしたが、あのひどい状況を長引かせるのはもっとつらかったのです。泣かれてしまいましたが、彼女は理解してくれて、私をそのような立場に立たせて申し訳ないと言ってくれました」

この出来事は、ジリアンの心にとても深く刻まれたそうです。果たして2人はその後、どうなったと思いますか？　そのことについても、ジリアンは話してくれました。

「私が彼女を辞めさせてから7年経ったある日、私たちはお店でばったり出会いました。すると、あのときクビになったことは人生最高の出来事の1つだったと、彼女が言うのです。あのおかげで自分を取り戻すことができたので、ひたすら感謝していると。当時、彼女はプライベートであらゆる問題を抱えていたので、失業したことでそれらを片づける時間ができたのだそうです。その後、好きな仕事に就くこともできたと言っていました。あのようなつらい状況から、こんなによい結果が生じるなんて、信じられませんでした。このエピソードは、リーダーであるからには時には痛みを伴う決断もしなければならないけれど、いつかそれが前向きな変化をもたらすこともあるのだと、思い出させてくれます。だから私の行動理念は、『時には友人でもクビにしなければならない』です。つらい決断を下すことも自分の役割であることを、悟らせてくれるのです」

さあ、今度はあなたの番です。「任されている」から「責任をもつ」へシフトするために、どのような行動理念があったらよいでしょうか？　他人に責任を転嫁せず、みずから行動するようにあなたを動かすものが必要です。110頁のワークに取り組みながら、絶えず「自分が責任をとる」というリーダーでいられるようなものを考えてください。状況に関わらず、あなたを「傍観する人」から「行動する人」へと変えるものでなければなりません。

答えを考えるうちに浮かんだイメージや言葉など、思いついたことはすべて書き留めておきましょう。その背後にあるストーリーにも思いを馳せてください。たとえば、父親から「人のせいにしたことは、そのまま自分に跳ね返ってくる」と言われた経験があれば、その言葉が行動理念になるかもしれません。

どんなストーリーが心に響きましたか？　時間を置いてから吟味してみましょう。なるべく簡潔に書き直したら、完成です。

困難な道を選び、周囲の出来事にも当事者意識をもつ手助けをしてくれるような行動理念なら、あなたが思い描く責任感の強いリーダーに近づくことができます。

「任されている」から「責任をもつ」へのシフトは大きなステップです。発想を変えなければなりませんし、新しい考え方を日常的に実践し、行動に移さなければなりません。

絶えず責任感をもって動くことを心がけるように促してくれる行動理念があると、自分の身近にあるものを主体的に改善していくようになります。その姿勢が輝きを放ち、力強いお手本になるので、チームのメンバーもあなたに倣うようになるでしょう。この行動理念を使いこなせば、いつの間にかあなたは責任転嫁とは無縁になっているはずです。

さあ、完成しましたね。これで「自分自身をリードする」ための行動理念が揃いました。うまく書けていれば、困難な局面で導いてくれるので、あなたはやりがいを感じることだけに注力できるようになるでしょう。あなたがどこに向かって人生を歩んでいきたいのかを思い出させてくれますし、あなたの尊厳を守りながら、目的地まで連れて行ってくれるはずです。

■ 行動理念をつくるために次の質問に答えましょう。

① 自分の担当ではないことを引き受けて、よい結果を出した経験はありますか？

② 誰かが気づく前に問題を発見し、誰かに言われる前に解決にあたったことはありますか？

③ 見て見ぬふりをして、あとから後悔した経験はありますか？

④ 他人のせいにしないために、どのようなことを心がけていますか？

⑤ 易きに流れず、正しいと思ったことをするために、自分を納得させる言葉はありますか？

⑥ 当事者意識を高めるためにできることは何ですか？

■ 当事者意識を高める行動理念

Check

☑ あなたの行動理念の効力を測るセルフチェック

□ 担当外のことでも、身近にある問題を改善するように私を促してくれる。

□ もし自分が他人のせいにしていたら、犯人捜しに時間と労力を無駄に使うのではなく、みずから問題解決にあたるように仕向けてくれる。

□「ラクだけれど間違っていること」よりも、「難しいけれど正しいこと」を選ぶようになる。

第3章

アイデアをリードする

自分自身をリードしていく方法は、第2章で固まりましたね。さて、今度はあなたのことを未来志向に変え、自分が属する組織に対して新しい方向性を示せるような行動理念が必要です。

現状に甘んじてはいられません。成功を収めた指導者の戦略が「万事完璧だから、何も変えるな！」だったという話は聞いたことがありません。

事実、私がこれまでに関わったリーダーたちのことを思い返しても、すぐれた人たちは絶えず自分の思考を見直し、ビジネスモデルを書き換え、どうしたらもっとよい組織にすることができるかを問い続けています。まさにこれが、「アイデアをリードする」ということです。

最高のアイデアを生み出す

アイデアをリードすることを強く意識すると、新しいトレンドや機会、そしてリスクについても、競合相手よりも先に気づくことができます。市場に左右されず、市場をつくることもできます。機会を見つけ、チームを活気づけることができるかもしれません。そのためには「考える」というプロセスに時間とエネルギーを傾けることが必要です。

コンサルタント時代に私はアイデアをリードする大切さを痛感しました。私の役割は、クライアント企業を成長させるための新しいアイデアを考え、チームを引っ張ることでした。そこで核となる部分の分析と、クライアントに説明するためのプレゼンテーション資料の作成に、エネルギーの大部分を注いでいました。その結果、ビジネスモデルもプレゼンテーションも、美しくパワフルなものに仕上がりました。

チームが数日間その仕事から離れていると、担当役員から招集がかかり、グループ内の問題を話し合うことになりました。その役員は、私たちが思いついたアイデアのうち、とくにすぐれたものをミーティングで披露するように言いました。担当役員にプレゼンをしている途中で、私はあまり深く考えずに、業界のとある専門家から仕入れた話をしました。テクノロジー主導の市場を新たにつくり、遠隔地の情報を集約し、分析に基づく知見をさまざまな産業分野に提供するなど、いずれも魅力的なアイデアだったのです。

ところが、まさにそこから苦しい展開になりました。担当役員が興味を示し、色々と突っ込んで聞いてくると、私は「えーっと、専門家の話では……」を繰り返すばかり。自分の頭で考えていなかったことが、嫌というほど露呈してしまいました。

とはいえ、アイデアを探し出したこと自体はよかったのです。最高のアイデアを見つけ、それをクライアント企業がどう応用できるかを考えるように、私たちは教育されていたわけですから。問題は、「クライアントがどう応用するか」の部分でした。結局のところ専門家の受け売りでは、実現可能性は低かったのです。私がもっとしっかりと考えていたら、チームは担当役員の質問に答えられたはずです。

私は、そうした問いまで想定していなかった自分にひどく憤りを覚えました。あまりにも目の前のことに気を取られて、チームが課題を探すことに充てる時間を確保していなかったのです。言うまでもなく、私はミーティングのあとで「もっと課題を検討して、新しいアイデアをじゅうぶんに掘り下げた段階で再度提案しなさい」と、くぎを刺されました。まさしくこのとき、「アイデアをリードする」ことの意味を、私は身をもって学びました。

「手足を動かす人」から「考える人」になる

組織内でステップアップすればするほど、自分で手足を動かすより考える時間が増えていきます。高い給料は、道具の製作に対する対価ではなく、「道具をつくるべきかどうか」を判断し、その道具に最適な市場を見極めることに対して支払われます。「手足を動かす人」から「考える人」になるのは、大きな飛躍です。答えを用意する立場から質問する側へ回ることを意味します。

組織に入ってキャリアを積んでいくうちに、人は「答えを用意すること」を期待されます。現場の最前線に立って仕事をこなし、上司から情報を求められたら応える——。やがて自分の担当分野に関しては、何でも答えられるようになります。すると、チームの中で「この件はあの人に聞け」と言われる存在になれるのです。しかし残念ながら、その人が答えとしてもっているものは、過去の体験に基づいたものばかりなのです。

新しい知識を得るためには、答えを差し出すだけでは不十分で、問わなければなりません。質問こそ、知見を高めます。ごく基本的な質問からおもしろい答えが引き出されることもありますが、新しい発想を生むような質問は多くの場合、誰かが目先のことから一歩離れて考えたときに出てくるものです。物事をつなげて連想したり、トレンドを眺めたり、未来を予測したり、あるいはほかの人が素通りするようなことに目を向けることによって、人は多くの知識を吸収します。あなたの組織でいちばん頭が切れる幹部はどうでしょうか。多くを答えるよりも、多くを尋ねるタイプの人ですか？　おそらく、優秀な幹部は的確な質問をたくさんする人たちで、能力の劣る幹部は答えを用意するほうに比重をおいている人たちではないでしょうか。

アイデアをリードするための行動理念

新しい可能性について考え、将来のビジョンを設定するように、あなたを動かしてくれる行動理念の存在があれば、あなたは組織にはびこる凝り固まった視点から抜け出すことができるでしょう。チームに対しても、あなたがめざすものや彼らに求めるものをはっきりと示せます。すぐれた行動理念をもてば、あなたは的確な質問を繰り返し、説得力のあるビジョンを語り、目標を実現するために動く人になれるでしょう。

たんに行動理念を語るだけではなく、実際に自分の振る舞いや時間配分も変えなければなりません。うまくアイデアをリードするためには、月に一度（少なくとも半日）、「考える時間」を確保して、現在取り組んでいる案件に対する自分のアプローチを俯瞰してください。

アイデアをリードするための行動理念をもち、さらに「考える時間」を確保することによって、あなたは自分の組織を、これまでの想像を超えたレベルにまで引き上げることが可能になります。

これまで仕事で関わったリーダーたちに、「オピニオンリーダーとは、どういう人のことを指すのか？」という問いかけをしてきましたが、大抵の人は「型にはまらない発想」とか「限界を超える」とか「パラダイムを打ち破る」、あるいは「大きな変革をもたらす」といった、陳腐で無味乾燥な言い回しを使って形容します。

果たしてどういう人が真のオピニオンリーダーなのでしょうか？　私の会社では「変化を促し、変化をリードすることによって、ビジネスで結果を出せる人」と定義しています。

トーマス・エジソンは、「実行を伴わないビジョンは妄想である」という、とてもわかりやすい名言を遺しました。オピニオンリーダーになるためにも、アイデアをリードするためにも、たんに名案がひらめくだけではダメで、行動につなげることも大事なのです。

すぐれたリーダーとは、アイデアを具現化して実現可能にすることができる人たちを指します。ですから、アイデアをリードする行動理念を作成にするにあたって、「アイデア」と「実行」という2つの観点で考える必要があります。

次の質問の過程を経て生まれた行動理念は、あなたに日々発想の転換を迫り、「今までの自分たちのやり方」に固執しないように促してくれます。

（1）あなたはチームに対してどのような水準を設定していますか？

（2）自分の部下たちをどこへ導こうとしているのですか？

（3）将来をどのように見据えていますか？

（4）考えがまとまったら、どのように行動を促していますか？

アイデアをリードするための行動理念があると、物事を別の角度から眺めることができます。日々のルーティーンに変化をもたらし、あなたの組織が「従来どおり」という殻を破る手助けをしてくれるでしょう。

アイデアをリードするのは、簡単なことではありません。まず、日常の仕事から一歩離れた視点が要求されます。日々の仕事では結果がすぐに出ますし、あなたにとって大事なことばかりですから、距離を置くことは難しいでしょう。さらに、曖昧な問題にも正面から向き合い、相手が簡単に答えられないような質問をすることが求められます。

いずれも、すぐに身につけられるスキルではありません。しかし、アイデアをリードするための行動理念をもつと、あなたの組織が現在抱えている課題から少し離れて、長期的に――これからめざす方向性や将来の企業像という視点に立って――考えることができるようになります。あなたは、チームの今後のアクションを支える基盤をつくることになるのです。そして、その基盤こそが、あなたの組織の将来あるべき姿を映します。

これから取り組む行動理念は、あなたが将来に向けて説得力のあるビジョンをつくり、絶えず新たな脅威や機会に対して敏感でいられるように、あなたを鼓舞してくれるでしょう。アイデアをリードすることができれば、あなたのビジネスがある日突然、時代の変化についていけずに取り残されてしまった、という事態を防ぐことができるのです。

なぜ新しいアイデアが湧いてこないのか?

前章で正しい行動へとあなたを導いてくれる行動理念をつくりました。今度はあなたのチームで働くメンバーたちのために、彼らがめざすべき水準を明確にする行動理念をもちましょう。水準と一口に言っても、「どのように顧客と接するべきか」といったことから、チームとして何に価値を置くかということまで、その中身はさまざまですが、あなたがめざす方向がはっきりと示されていることが理想です。

水準を設定すると、チーム内の混乱がなくなります。あなたが組織全体に対して描いているビジョンと、あなたのチームがとるべき行動も、必ず一致します。また、このような明確さを保つことができると、もはやチームのメンバーはあなたの意図を気にして時間を浪費したり、混沌とした状況に陥ったりすることもなくなるでしょう。あなたがシンプルかつ迅速に、メンバーに期待する内容をはっきりと伝えられれば、彼らは計画を実行に移すことにエネルギーを集中させることができるのです。

「自分目線」と「他者目線」

あなたの「水準」をはっきりとさせる行動理念をつくろうとすると、「自分」と「他者」という、2つの視点に気づくでしょう。自分自身については、やや一般的な内容で、組織内でのチームの動き方や、メンバーにどう自分と接してほしいかという点に着目している場合が多いでしょう。

一方で、他者目線では、チームが置かれている環境、チームとして担っている責任をはっきりとさせます。その中心に置かれるのは、たとえば顧客サービスや安全、品質といった要素になるでしょう。他者に求める水準をはっきりとさせる行動理念には、あなたが何を最優先にしてほしいのかに、焦点が絞られていなければなりません。

私は長年にわたって、この「自分」と「他者」の2つの視点に分けて、行動理念を使ってきました。どちらもその時々のチームの構成や能力、環境に応じて変わっていきました。私自身のものと、ほかのリーダーの行動理念を、いくつかご紹介しましょう。

「神は信じる。それ以外はすべてデータが頼り」

「幹部候補生は嘘をつかず、人を欺かず、人の物を盗んだりしないし、こうしたことをする者を断じて許さない」

「お客様のためを思うと、これは正しいことだろうか?」

1つ目は、私のクライアントであるシリッシュのものです。彼が意思決定の際に用いる判断基準を物語っています。

シリッシュは、テクノロジーを扱う小さな企業の幹部でした。メンバーはしょっちゅう彼のところに新しい製品や機能の提案をもちかけていました。

一見したところでは、どの提案もすばらしいのですが、彼が管理していたのは複雑なビジネスです。チームの提案が論理的だったのでゴーサインを出したところ、あとになってそれが大いなる時間とお金の無駄遣いであったことに気づくということが、何度もあったそうです。

最終的にシリッシュは、先の1つ目の行動理念にたどり着きました。チームの誰かが新しい提案をもってくるたびに、彼はホワイトボードを指して、こう言っていたそうです。

「よさそうなアイデアだけど、この方向性が正しいことを裏づけるデータはあるの?」

この言葉が、部下たちの仕事の水準を決めました。データがきちんと示されていて、その意義がはっきりしていれば、シリッシュは必ずその企画をサポートしました。彼が自分に向けて使っていた行動理念がそのままチームがめざすべき水準となり、シリッシュがホワイトボードを指す機会は段々と少なくなったそうです。

しかしながら、これにはマイナス面もありました。「データをもってこい」と言い続けているうちに、部下たちがデータや分析をやたらと集めてくることにシリッシュは気づいたのです。しかも、大抵の場合はやりすぎでした。彼があまりにも行動理念を強調したために、せっかくのよいおこないが、過剰になってしまったのです。

シリッシュは、行きすぎた部下たちのおこないを是正したり、データから離れるタイミングも指示したりするようになりました。彼らにどれくらいの情報量を求めるかについては、その精度と効率を見極めて、バランスをとるようにしたそうです。

行動理念は望んだ効果を過剰に引き出してしまうことがあります。シリッシュはこの点を理解し、行動理念の背景もきちんと説明すると同時に、どの時点でチームが水準を超えてやりすぎたと感じたかについても伝えるようにしました。

彼からこの話を聞いて、私もこれを自分の行動理念に加えました。

2つ目の「幹部候補生は嘘をつかず、人を欺かず、人の物を盗んだりしないし、こうしたことをする者を断じて許さない」も、やはり自分自身に向けたものです。これは陸軍士官学校の規律です。私は入学した日に叩き込まれました。

前半は読んで字のごとくで、個人の行動を規定していますが、「断じて許さない」と書かれた最後の部分こそが、威力を発揮するところです。自分が嘘をつく、人を欺く、人の物を盗む――。いずれをおこなっても幹部候補生は追い出されます。さらに、誰かがこういうことをしたのを見たにも関わらず、その人に自供を迫るか、あるいは自分でそれを報告することを怠った場合も、退学に価するのです。

「断じて許さない」という文言は、他人の違反行為を見て見ぬふりをすることは言語道断であることを私たちに教え込み、規律を根づかせる仕組みとして成立していました。

この規律のもとで生活して4年の月日が流れたころには、私にとって大きな意味をもつようになっていました。最初は、この規律に畏怖の念をもっていたのですが、リーダーとして成長するうちに、私はこのきわめて高い水準に見合う行動を自分がとっていることに大きな誇りをもつようになりました。陸軍士官学校を卒業したその日から、これは私自身の行動理念になり、今でもチームのメンバーに伝えています。

ところが陸軍士官学校を卒業してから一度だけ、これを守れなかったことがあります。もちろん、盗みを働いたことなどありませんし、顧客やパートナーを欺いたこともありませんが、嘘をついてしまったことがあるのです。

その瞬間は、とるに足らない嘘にしか思えませんでした。その後も何かにつけて嘘を正当化したり、なぜあの場面は嘘をついてもよかったのか、あらゆる言い訳を考えたりしました。ところが、この行動理念に立ち戻って考えたときに、違反してしまった自分自身に対して、大きな失望を味わいました。

私は自分が過去に嘘をついたことを正直に認め、当然の報いを受けています。しかし、自分の行動について反省し、過ちを受け入れて、自分で自分に落とし前をつけなければならない。これはさらにつらいことです。

あなたが私のチームの一員であるという状況を想像してみてください。私の行動理念は「嘘をつかない、人を欺かない、人の物を盗まない。こうしたことをする者を断じて許さない」であると聞くと、あなたは頷き、「それは理解できる」と言うでしょう。

次に、私はその陸軍士官学校の規律について、背景にある個人的な話をし、これが自分にとってどのような意味をもつのかを説明します。そして、自分が過去に規律に背き（卒業したあとのことですが）、そのことがいかに自分を苦しめたのか、あなたに打ち明けるのです。すると即座にとても深いメッセージが発信されます。私がどのような人間なのかについて、あなたは多くを知ることになります。さらに、信頼関係が強まれば理想的です。

すぐれた行動理念とは、自分を映し出す鏡であり、信念を他人と共有するものであり、ストーリーを語るものです。つまり、自己と他者とのあいだで、相互理解、相互信頼、相互尊重を育むものなのです。

先に紹介した3つの行動理念のうち、「お客様のためを思うと、これは正しいことだろうか?」は、自分自身ではなくて、他者(部下やチームのメンバー)に向けたものです。あるコールセンターの所長が部下に顧客との接し方を指導しているのを見て、私もこれを自分の行動理念に加えようと思いました。

所長のヴィッキーは、いかなる状況であれ、何らかの選択を迫られたときは、このシンプルな問いをするように、チームに言い聞かせていました。すると、何が正しい行動であるかがくっきりと浮かび上がってくるのです。彼女は毎週のチーム会議でこのことを強調して伝えていましたし、新人が入ってくると、この質問を軸にして自分たちの行動を考えるようにと、初日に教え込んでいました。

チームの誰かが、ある顧客への対応について相談に来ると、「それはお客様のためを思うと、正しいことなの?」とヴィッキーは尋ねていました。その答えが「はい」であれば、ゴーサインを出していましたが、「いいえ」の場合は、その状況では何が顧客にとってベストであるかを、担当者に考えさせるのです。彼女の行動理念は、その企業の文化として、しっかりと根づいていました。

つまり、ヴィッキーはチームに対して、行動の基準を示していたのです。私はさまざまなコールセンターを見てきましたが、多くの場合、管理職は担当者が直面し得る状況に応じて、やってはいけないことをリストアップしていました。ヴィッキーはむしろ、これを避けていたのです。事細かなルールをつくるのは非効率なだけではなく、前向きな企業文化を醸成することができません。これとは対照的に、ヴィッキーは部下たちが自分の頭で物事を判断できるように育てていました。彼女の行動理念に従っているかぎり、部下たちは彼女の期待に応えることができたのです。

時には、部下たちがこの行動理念を頑なに守りすぎて、逆効果になる場合もありました。たとえば、顧客のためを考えるあまり、支払いが遅れている手数料を免除してしまうことがありました。また、1つだけを免除すればよいところ、複数の手数料を免除してしまったケースもありました。確かに、彼らはヴィッキーの指導に従って、顧客のためを考えて行動したのですが、ベストな選択をしていたとは言えません。こういう事例は、彼女にとってよい教訓になりました。その後は部下たちに対して、顧客のためを考えることとビジネスの目的をまっとうすることのあいだで、うまくバランスをとるように指導したのです。

行動理念によって、彼女はチームに何を求めるかを明確に示したと同時に、ほかのコールセンターでは見受けられないような顧客志向の文化を職場に浸透させていました。驚くべきことに彼女の職場は、延滞しているクレジットカードの支払いを回収するコールセンターだったのです！　チームは高いモラルをもって職務をこなし、彼女はつねに数値目標を達成していました。そして不思議なことに、カードの利用者は借金を取り立てられる立場なのに、彼女の部下たちの対応に好感をもっていました。

利用者たちは、ヴィッキーのチームは自分たちの問題を理解してくれて、状況を改善するためにベストを尽くしてくれたから、ほかの債権者に残金を支払う前に、彼女の会社への支払いを優先したいと言っていました。この言葉に、ヴィッキーの行動理念がもつ真の価値が表われています。

この様子を見て私はヴィッキーの言葉を拝借し、その後の仕事で幾度となく使いました。私がほかの業界で使っても、彼女の職場と同様の効果が得られました（誰かの行動理念を借りてもかまいません。あなたが共感できるのであれば、むしろ積極的にそうしてください！）。

さあ、今度はあなたが行動理念をつくる番です。あなたが仕事に求める水準と仕事を進めるうえでの指標を明確にするのです。まず自分自身にこう尋ねてください。

「私がその場にいて直接指導してあげられないとき、チームにどう動いてほしいだろうか？　どんな仕事をしてほしいだろうか？」

他者が自分にどう接してほしいか、社外や他部署の人たちにはどういうことを心がけて対応してほしいかについて、はっきりとさせておく必要があります。くれぐれも、あなた自身にとって深い意味をもつもの（私にとって陸軍士官学校の規律がそうであったように）を行動理念にしてください。

132頁のワークで書き留めたアイデアから、核となるエッセンスを抽出しましょう。たとえば、問題が起きたらすぐに報告するように、常日頃からチームに言い聞かせているのであれば、あなたの行動理念は「悪い知らせは放っておくとひどくなる」というようなものになるかもしれません。過去に問題がすぐに報告されなかったせいで悲惨な事態を招いた経験があって、その状況をはっきりと憶えているのであれば、なおさらこのような言葉がしっくりくるでしょう。

ここでは、チームに最優先で守ってほしいことを明確にしていきます。少なくとも、自分自身に向けたものと、部下やチームのメンバーたちに向けたものを、1つずつ考えてください。

仕事に求める水準を明確に定義する行動理念をもつことは、あなたが設定したゴールをめざしながらもメンバーが自分たちの裁量で仕事を進められるようにしてあげることを意味しています。

あなた自身がステップアップするごとにつくり直すことになるかもしれませんが、どこでどのような仕事をすることになろうと、部下たちはあなたが仕事に求める水準を、はっきりと示してほしいと思っています。ですから、簡潔かつ明瞭にそれを伝えることができれば、職場での混乱が減り、メンバーはあなたが大切だと考えることに集中できます。

さて、仕事に求める水準をきちんと伝えることができたところで、次にやるべきことは、「どこをめざしているか」をチームに伝えることです。

■ 行動理念をつくるために次の質問に答えましょう。

① 日々、チームに何を求めていますか？

② あなたはメンバーからどう接してほしいですか？

③ 自分がいないとき、チームにどう動いてほしいですか？

④ これまでに、高い水準を課されたことがありますか？　あなたはそれに応えられたでしょうか？

⑤ その人は、あなたにどうやってその水準を提示していましたか？

⑥ チームにもっとも大切にしてほしい目的は何でしょうか（顧客サービス、質、安全、効率など）？

⑦ シンプル、かつ個人的な意味をもつ言葉で、上記の目的をチームに思い出させることはできるでしょうか？

■ 仕事の水準を示す行動理念

■ 他者（チーム）に求める仕事の水準を示す行動理念

Check

☑ あなたの行動理念の効力を測るセルフチェック

- □ 背景にあるストーリーは、自分にとって深い意味をもっている（バズワードやブルシットを含んでいない）。
- □ 困難な状況に直面しているメンバーにこの言葉を伝えたら、自分が求めていることをきちんと理解してくれる。
- □ チームがこの行動理念に従ってくれたら、組織に好ましい文化を根づかせることが可能。
- □ 一貫してこれを守っていれば、チームは仕事の水準を落とすことなく、目標を達成できる。

役立たずのミッション・ステートメント

企業の理念や社是などを記した「ミッション・ステートメント」の多くは、読むだけでも苦痛で、ビジョンを語るステートメントはさらにつまらないものです。

委員会を立ち上げてビジョン・ステートメントの作成にあたる企業が多くあります。最初は簡潔でわかりやすくインパクトのあるビジョンでも、委員たちがこぞって自分の意見を盛り込もうとして輝きを失っていきます。ストレートな表現は、誰かを萎縮させたり除外したり傷つけたりしてはいけないという配慮から、トーンダウンします。一方で、自分の管轄部署の意向を反映させようと、それぞれが書き加えていくので、長文になり、わかりにくくなります。

しまいには、組織の将来像を明確に示すことよりも、個人的な思惑で修正を追加するほうに走り、あたかも議会で討議される法案のような様相を呈していくのです。あまりにも多くを盛り込もうとしたがために、結局は多くを語れない……。このようなビジョンには、大抵バズワードが散りばめられています。半面、示唆に富んだ内容を含んでいないため、人々に行動を促す力はありません。

ピタゴラスは次のような言葉を遺しています。

「ちょっとしたことを言うのに多くの言葉を使ってはいけない。多くを語るためには、少ない言葉で表現しなさい」

ビジョンの執筆にあたるリーダーは、ピタゴラスの忠告に従うべきでしょう。意味のない言葉が並んだ文章で未来を語られて、いったい誰がわくわくした気持ちになれるでしょうか？ 私は何も、企業やチームのビジョンはおしなべてダメだと言っているわけではありません。なかにはすぐれたものもあります。とはいえ、残念ながら世の中には悪い例のほうが圧倒的に多いです。

あなたが会社のビジョンを示す立場になくても、チームに対して方向性を示す責任があることを自覚してください。メンバーが5人だろうと5000人だろうと、数は問題ではありません。

もし、あなたのチームが大きなユニットの中の小さな部隊である場合は、自分たちだけのビジョンを描く意義を感じられないかもしれませんが、それでもなお、チームとしてのビジョンを打ち出す必要があります。場合によっては、それは自分たちのすぐ上のグループのビジョンを採用することを意味しています。

皆を鼓舞するビジョン

ビジョンを示すと、周囲に大きなインパクトを与えることができます。あなたのもとで働いている人たちは、仕事にやりがいを求めていますし、自分たちもスケールの大きなことに関わっているという実感を得たいのです。ですから、あなたが説得力のある未来像を描くことができれば、あなたについていきたいと思う気持ちが高まるでしょう。

ビジョンはリーダーとしての行動理念の1つであるべきですが、これはほかの項目とは違って、あなたが昇進したり転職したりするたびに、中身が変わっていくと思います。もし、あなたの組織には現在ビジョンを示すものが存在しないのなら、あなた自身がつくることによって、チームに対して方向性を明確にすることができます。すでにビジョンが存在する場合は、それを慎重に見直して、あなたがチームを引っ張っていきたいと思う方向性と一致するようにしましょう。一致していれば、あなた自身の行動理念としても採用しましょう。一致していなければ、あなたのチームに合うかたちで修正すべきです。

あなたは組織がめざすところへチームを引っ張っていくという役割を担っているのですから、その道がどこへ向かっていて、自分たちはどうやって進んでいくかを明確にするのは、あなたの仕事です。そして、実際に最終目的地にたどり着くのは、チーム全体の働きによってです。ですから、これからチームに示そうとしている道のりとその進み方は、あなた自身が自信をもてるものでなければダメなのです。

こうした行動理念を描くためには、目の前の日常から離れて遠い未来を見通し、とことん考え抜く力が必要です。組織がどのような価値を創り出すかについて、簡潔かつ明瞭に説明できなければなりません。

それではここで、私のビジョンに関する行動理念を、具体的なエピソードを交えてご紹介します。

「すぐれたリーダーになる方法を世界中の管理職に教えることができる、特異な才能にあふれたエグゼクティブを揃えるグローバル企業をめざす」

かなり野心的ですが、私たちはすでに実現しています。もちろん、多くの労力がかかっていますし、焦点が定まっていないと実現は不可能です。

では、この行動理念をいくつかの要素に分けて、それぞれが私たちのビジネスの目標とどう結びついているかをご説明しましょう。

「すぐれたリーダーになる方法を世界中の管理職に教えることができる」という部分は、

当社の事業の核をなすものであり、これからも努力してそうありたいと思っています。リーダーとマネージャーの違いについてはすでにお話ししましたし、今後の章でもくわしく述べますが、グレース・マレー・ホッパー海軍准将の「物事を管理し、人をリードする」という言葉が、もっとも的確に言い表していると思います。

私たちは、つねにリーダーシップに重点を置いた研修を提供しています。経営スキルを中心にしたコースもありますが、能力のマネジメントとリーダーの育成を関連づけるようにしています。このビジョンを含めたことによって、自分たちの強みを守ることができますし、そこで顧客から高い評価を得ています。もっと言うと、このアプローチによって高い価格設定が可能になり、参入企業が多くて値崩れに陥っている研修サービス市場からは距離を置くことができるのです。

「特異な才能にあふれたエグゼクティブを揃える」とビジョンの中で謳うことによって、当社の講師として迎える人たちが決まります。私たちが派遣する講師は、米国を代表する企業の幹部として10年から20年の経験をもつという点で、とてもユニークです。彼らは本業を抱えながら、当社の非常勤講師を続けています。講師として迎える人材は、それぞれの業界で人望が厚いリーダーでなければいけませんし、クライアントに研修を提供する分野の知識も、じゅうぶんに持ち合わせていなければなりません。当社が実施する研修のテーマは、戦略的プランニング、イノベーション、問題解決、意思決定、幹部のコミュニケーションなどで、もちろんリーダーシップもその1つです。

私たちは、自分たちにしか提供できない独自の研修プログラムをつくっています。もし、ビジネスの最先端にいる人たちではなく、いわゆる「学者」や「キャリア開発トレーナー」のような講師を大勢揃えたいのなら、「ビジネスの実体験に基づく」という部分を妥協することになるでしょう。他社もおこなっている定番の研修では、市場での差別化はできません。つねに「ビジネスの現場」を念頭に置いて、現場経験が豊富な人材を講師として派遣しているという点が、顧客にとっていちばんのメリットであり、当社に任せたいと思う理由になっているのです。

「グローバル企業をめざす」という部分についても、私たちはすでにそうなっています。ブティック型の人材育成会社がグローバル企業をめざすなんて、大胆な発想に聞こえるかもしれませんが、ビジョンの誓約は崇高な目標の実現をめざしてチームに行動を促すためにするのです。ビジョンがなかったら、あなたもチームのメンバーも、せっかくのチャンスを見逃してしまうかもしれません。

たとえば、「ソート・リーダーズ」というブログ（http://www.thoughtleadersllc.com/blog）をはじめた当初、あくまでも顧客のためにリソースを用意するという位置づけで、これを読めばリーダーシップに関する私たちの考え方を理解してもらえると思っていました。当時は「グローバル」という視点はビジョンに盛り込んでいませんでした。

グローバルという要素を加えるようになってからは、このブログを活用して、私たちの視点を海外にも広める機会を開拓しています。これまでに168ヵ国の人々が当社のブログを閲覧しています。

私たちが書いたものは、フランス、ノルウェー、韓国、バーレーンなど、さまざまな国で翻訳されています。ハンガリー、アイルランド、ベトナム、コロンビアなど、私たちの顧客がもっている海外拠点でも、仕事をする機会に恵まれました。逆に、海外から組織の幹部に米国まで来てもらい、研修を受けてもらうこともあります。

だからといって、当社が巨大なグローバル企業かと言えば、それは違います。しかし、「グローバル企業をめざす」を行動理念にしていれば、より広い世界に機会や可能性を追求しようという気持ちになるのです。そして、このような視点を得た結果、当社は収入と企業力の両面において、成長し続けています。

そもそもなぜ当社がグローバルな視点をビジョンに加えたかというと、社員の文化的背景が多様化し、テクノロジーが変化し、経済的な相互依存という状況にあるなか、グローバルな環境で効果的に活動する道を模索することは、企業のトップにとって死活問題だからです。米国のリーダーたちに新しいスキルを身につけてもらうため、私たちはグローバルな視点を取り入れた研修を実施しています。より付加価値の高いサービスを提供することが可能になったのは、ビジネスを国内だけに限定しなかったからです。

では、私たちのビジョンがいかに効力を発揮するか検討してみましょう。あなたは「すぐれたリーダーになる方法を世界中の管理職に教えることができる、特異な才能にあふれたエグゼクティブを揃えるグローバル企業をめざす」と聞いて、当社の事業やその背景を理解できますか？　チームの一員となってこのビジョンを実現したいと思いますか？　顧客として当社のアイデアや人材を活用したいと思いますか？　私たちがこのビジョンに至った経緯を語ったら、どうでしょうか？　そのストーリーを聞いて、リーダーを務める私に対する理解は深まりますか？　私がチームをどこへ向かってリードしているか、なぜその方向性がエキサイティングなのか、明確に見えるでしょうか？

もし、私が次のような言い回しを使ったら、どうでしょうか。

「我々は、顧客が世界規模で展開するビジネスにおいて、その人材をレバレッジとして活用し、エンゲージメントやエンパワーメント、そしてシナジーを促進し、多岐にわたって大きなインパクトを与えられるようにするために、高付加価値で業界最高峰のリーダーシップ研修を提供するナンバーワンの企業でありたいです」

おそらく、皆さんは異なる反応を示すと思います。私自身、こんなことを言ったら、シャワーでも浴びて洗い流さないと気分が悪くなりそうです。

世の中には、参考になるすばらしいビジョンがたくさんあります。私のお気に入りをいくつかご紹介しましょう。

- **マイクロソフト**「あらゆるデバイスを網羅し、ソフトウェアの魔法とインターネット・サービスのパワーが融合した体験をつくっていきます」
- **プロクター&ギャンブル（P&G）**「世界中の消費者の生活をよりよいものにするような価値、すぐれた品質、ブランドとして、確立された商品を提供します」
- **ハーレー・ダビッドソン**「世界各地の道からインスピレーションを得て描いた夢を実現するために、私たちは卓越したオートバイをつくり、お客様に喜んでいただけるサービスを提供します。個性を自由に表現したいお客様の情熱を満たします」

これらのビジョンは、わくわくするような未来像をはっきりと、しかもわかりやすく示しています。どのビジョンもシンプルで明瞭で、バズワードは使われていません。いずれもチームを鼓舞する力をもっていると同時に、「自分たちの貢献は会社の大きな目標につながっている」ということを、社員に実感してもらえます。今からあなたが書くものも、同じくらいの効果を発揮することをめざしましょう。

以前、ある企業で欧州全域を担当するトップと仕事をしたときに、彼（名前はオルファ）は、ある課題に直面していました。ブランドとして世界的に認知されている製品を扱っているにも関わらず、国別にチームが編成されていたのです。非常に効率が悪く、重複している業務も多かったので、オルファはそれらの問題を取り除こうとしたのですが、国ごとに分かれたそれぞれのチームから強く反発されてしまいました。彼らの主張は、「欧州と一口に言っても各国の市場は異なるので、それぞれの国の顧客に対応するためには、各国の事情に精通した国別のチームが必要」という点に集約されていました。オルファの部門が成長するためには、そのようなマインドの部下たちにグローバルなブランド戦略を理解させることが鍵でした。

そこでオルファは、「地域のニーズを満たすグローバルなブランド」という言葉を使って、シンプルかつ歯切れよく、ビジョンを明確に語りました。「グローバルなブランドであることが先にありき」という強いメッセージを送ったと同時に、各国の事情に精通した知見が成功の秘訣であるという点も強調したのです。オルファが「グローバル・ブランド」をより強調しつつも、国ごとの仕組み全体を解体しようとしているわけではないことがわかり、部下たちは彼がめざす路線変更に合わせて業務に取り組むことができました。その後も、グローバル・ブランド戦略のおかげで欧州各地の市場を伸ばすことに成功し、オルファの部門の財務状況も改善しました。彼はビジョンを明確に語ったことで、組織内の抵抗を打ち破り、統括する部門をよりよい未来に向けて動かすことができたのです。

さあ、今度はあなたの番です。ビジョンを誓約したステートメントが、すでにあなたの会社や組織に存在する場合は、まずそれを注意深く読んでみてください。これからどうしていきたいのかが、そこにはっきりと示されていますか？　人を鼓舞する力を備えていますか？　人に行動を促す内容になっていますか？　もし、このすべてが「はい」であれば、それをあなたの行動理念に加えましょう。「いいえ」の場合は、やるべきことがあります。

自分の会社や組織が5年後にどのような姿になっているか想像してみましょう。5年というのは、あなたとチームがじゅうぶんな時間を与えられていると感じながら、目に見えるインパクトを生み出せる長さです。「野心的すぎず、達成可能」というバランスのとれた目標を立てることができます。

5年を超えると、世の中があまりにも変化していて、時代に合わなくなるだろうと感じてしまいます。もちろん、会社や業界の特性によっては、5年よりも短いビジョンや長いビジョンをもつ必要があるかもしれません。

ビジョンを書きはじめる前に、私がワークで用意した質問について少し時間をかけて考え、頭に浮かんだことを書き留めておきましょう。

できるだけ長期的な視野でこれらの質問に対する答えを現実的な路線で考えてください。ひととおり答えたら、その中からもっともパワフルなものを集めて、できるだけ簡単なステートメントにまとめます。たとえば、住宅リフォーム関連の商品開発をおこなうチームを率いているのなら、「職人さんたちが安全に、ラクに、そして楽しく仕事ができるような新しい住宅リフォーム・ツールを生み出す」というようなものがビジョンになるかもしれません。あっと驚くような内容ではありませんが、それでもなお、チームとしてめざすものが見えてきます。

ひとまず、あなたのチームの使命や目的をまとめた文章を書いてみましょう。それがそのまま、ビジョンをテーマにした行動理念につながります。

よいものが書けたら、主要なメンバーと個別に面談するスケジュールを立てましょう。

できるだけさまざまな立場の人たちと話し合うようにします。その際、最初は背後にあるストーリーを語らずに、書いたものを相手と共有し、率直な感想や意見を求めてください。彼らの反応に合わせて、必要な修正を加えましょう。あまりピンとこなかった、わくわくするような内容ではなかったと言われたら、もっとわかりやすく、人を鼓舞するような言葉になるまで書き直しましょう。大事な要素が含まれていないと指摘されたら、それを書き加えることも検討しましょう。

そうはいっても、これはあなた自身の行動理念なのですから、委員会が作成した2頁にわたる宣誓書みたいにならないように気をつけてください。また、トーンを弱めたり、本筋ではないことを追加したりしないようにしましょう。他人が絡むと、どうしてもこのようなリスクが出てきます。より伝わりやすくしたり、よりパワフルにしたりするためのアドバイスだけを採り入れて書き直したうえで、もう一度ワークの質問に照らし合わせて内容を検討します。

あなたのチームにいる人たちは、あなたに行き先を示してほしいと思っています。そして、なぜそれが目的地としてよい場所なのかも知りたがっています。ビジョンをテーマにした行動理念を書くことによって、あなたはその行き先を設定するのです。これがあると、部下たちは仕事に意義を感じやすくなり、自分たちの頑張りが組織としての目標達成にどう貢献するのかがわかるようになります。

内容がクリアでパワフルであればあるほど、チームはより深くあなたの行動理念を理解し、支え、それに沿って努力してくれるようになります。全員が一丸となり、やりがいと目的意識をもって同じ方向をめざせるかどうかは、あなたの行動理念にかかっています。

さて、進路を確定したところで次にやるべきことは、最終目的地にたどり着くためにはどのような機会を追い求めるべきかを明確にすることです。

■ 行動理念をつくるために次の質問に答えましょう。

① あなたの組織は、将来どのような規模になっていると思いますか？

② あなたのチームは、どのような新しいスキルを身につけているでしょうか？

③ あなたは今からどのような能力を新たに確立していくつもりですか？

④ ほかのグループとの協働のあり方は、今後どのように変わっていくと思いますか？

⑤ 組織の内外で関わっている人たちは、今後あなたに何を求めてくると思いますか？

⑥ ほかのチームと比べて、あなたのチームはどこが異なり、何が際立っていますか？

■ ビジョンとなる行動理念

Check

☑ あなたの行動理念の効力を測るセルフチェック

- □ 組織がどのように価値を創出していくのか、はっきりと示せた。
- □ 野心的であると同時に、現実的な視点に立っている。
- □ 実現に向けて努力する価値がある。みんなもコミットしてくれる。
- □ 競合相手に対して自分たちをどう差別化するか、きちんと説明できている。
- □ いくつかのキーワードが盛り込まれた、簡潔な文章になっている。

自己満足のビジョン

リーダーが現状で満足しているようであれば、部下たちが新しいアイデアをもってきてくれるわけがありません。まずはリーダーが率先して従来のやり方に疑問を投げかけ、凝り固まった考えを打ち破らなければなりません。そうすれば、手遅れになる前にチャンスや危機を発見できるのです。

ビジョンをもつことはすばらしいですが、行動なくしては実現できません。行動をもたらすためには、機会の見極めと新しいアイデアの吟味が必要です。

未来への質問

未来に思いを馳せるとき、多くのリーダーは自己満足に陥ってしまいます。組織の行く末を知るのは自分たちだと信じて疑わず、目の前の仕事に集中するのがベストだと考えるのです。

「クリアな視界とは、近くに見えるものを指すのではない。この2つを取り違えてはいけない」。未来予測学者ポール・サフォーの示唆に富んだ言葉を心に留めておくべきです。

偉大なリーダーとは、目に見えるものの向こうにある漠然とした世界に視点を合わせることをいとわない人たちです。不確実な将来に備えて新しいアイデアを見つけることは自分たちの責任だと、彼らは思っています。長期的な視点をもたなければ、未来で待ち受けるチャンス、あるいはリスクを見逃してしまうでしょう。

リーダーひとりでアイデアを生み出すわけではありません。チーム、同僚、顧客、上司をはじめ、組織と関係している人たちの力を借りて、新たな機会を発掘し、新しいことをつくり出すのです。アイデアをリードするうえでのあなたの役割は、まずチームが適切な会話をするように導くことです。

過去を総括することよりも、未来についての適切な質問を投げかけるほうが、はるかに大きな力を発揮します。将来の可能性は、現在起こりそうなことだけを見ていては引き出されません。現在の状況を見直すきっかけを与えてくれる行動理念をもちましょう。

日々の業務に追われていると、自分の仕事を見つめ直す時間を確保するのは容易ではありません。行動理念は、考える時間をもつように、折に触れて注意喚起してくれます。

新しいアイデアの最大の障害は、組織の中で惰性として放置されている物事です。私は、

「これまで通してきたやり方」に満足したことがありません。組織のやり方について説明を受けるときは、「なぜ（Why）?」と5回繰り返します。ずばり、**「なぜ（Why）、なぜ、なぜ、なぜ、なぜ?」**が私の行動理念です。そして、5回目の「なぜ?」を口にするまでには大抵、何かしらの改善の余地を見つけています。

また、ビジネス上のリスクを洗い出すことにも役立っています。現実の世界は変化しているのに、過去の想定に基づいて事業を続けていれば、知らないあいだに自分たちのビジネスは時代遅れになっているかもしれません。リスクがいきなり目の前で爆発する前に、うまく発見して処理するのがリーダーの責任です。

5回の「なぜ?」は、はじめて耳にしたときにすっかり気に入ってしまったので、自分の行動理念に加えました。

じつはこれ、私が最初に携わったコンサルティングでお世話になった、あるマネージャーから拝借したものです。そのマネージャーも、自分の上司から学んだそうです。

ある日、マネージャーと私はクライアント企業に出向いていて、ランチの列に並んでいました。私が午前中に解析していたデータやトレンドについて説明すると、彼は「なぜ?」と聞いてきました。そのトレンドが発生している理由について、私の見解を話すと、彼はまた「なぜ？」と聞きました。私はふと立ち止まり、自分の説明の仕方について考えました。そしてもう一度、先ほどの結論はどういうことを意味するのか、彼に説明しました。しかし彼は、3回目の「なぜ？」を口にしたのです。

私はついに堪忍袋の緒が切れて、「さっきから、何なんですか！」とマネージャーにくってかかりました。するとマネージャーは、「なぜ？」をじゅうぶんに繰り返せば問題をとことん理解できるし、有意義な知識を得ることができると言ったのです。

たった1つのシンプルな問いかけを繰り返すだけで、より深い考えを引き出すことができる。私は、この発想にいたく感銘を受けました。あれからずっと、私はこの行動理念を使い続けています。

5回の「なぜ？」を使って物事の本質を見極めたら、そこから先は行動へ移すために、私はもう1つの行動理念を頼りにしてきました。**「それで（so What）？　それで？　それで？　それで？　それで？　それで？」**です。

5回の「なぜ？」で効果を実感した私は、「それで（so What）？」を最大で7回まで繰り返すことにしました。「結論は出たけれど、これからどうやって動くんだい？」と、掘り下げて考えることを要求します。どう行動するか（アクション）が決まったら、次の

「それで?」によって、さらに一歩アイデアを深めなければなりません。つまり、「そのアクションが成功したら、次はどうする?」と考えさせられるのです。

「それで?」を繰り返していくと、はるか遠くを見据えてアイデアを深めることができます。こうした問いかけから生まれる行動は間違っていることもあるかもしれませんが、私は気にしません。少なくとも、受け身でじっとしているのではなく、積極的に未来を予測しているのですから。「それで?」を問い続けることによって、次のアクションにつなげるためには何をすべきかがわかるようになります。通常は「それで?」を5回言うころには、それまで思いつかなかったようなアイデアが出てきます。

5回の「なぜ?」、さらに7回の「それで?」を使うことによって、私は自分のキャパシティーを超えて、革新的なアイデアをたくさん生み出すことができました。このシンプルな問いかけの力をマネージャーから教わったときのことを思い出すと、今でも気持ちが高揚し、それが新しいアイデアを生むエネルギーになっています。この2つの行動理念は、長期的な視野をもって新たな機会を発掘することに役立っていると同時に、惰性をはねのけながらビジョンの実現をめざすように、私を前進させてくれるのです。

リーダーたる者は、現状に疑問を投げかけ、進化し続けるビジョンに向かって組織を引っ張っていかなければなりません。これができるリーダーこそが、市場を支配します。あとの企業は後塵を拝し、市場の変化に合わせて行動するようになります。

シンプルな問いかけを繰り返して新しいアイデアを生み出した例を、もう1つご紹介しましょう。

私が以前一緒に仕事をした人の話です。彼はパートナー企業のネットワークを管理する立場にあり、定期的にやりとりする企業が1000社ほどありました。あるとき業務を見直していると、彼はよからぬ兆候に気づきました。伝票の処理にかかる時間が、許容できないほど長くなっており、キャッシュフローが停滞し、売掛金が膨らんでいたのです。

彼は「なぜ?」を繰り返して、パートナー企業との取引の多くがオンラインではなく、紙ベース(伝票を作成し、支払いは小切手でおこなう)で処理されていることを発見しました。

「なぜ?」——パートナー企業は、決済のオンラインシステムに投資していない、あるいは社員が使いこなせるようになるための研修をしていない。

「なぜ?」——あるパートナー企業の経営者は、「財務上のインセンティブがないので、オンライン化に踏みきれない」と言っていたではないか。
「なぜ?」——自分たちの会社も、競合他社も、やり方を変えることや取引先への補償など、考えたこともなかった。

彼は次のステップに進んで「それで?」を繰り返し、取引がオンラインか紙ベースかによって、パートナー企業に支払う委託手数料の金額を変更するというプランを思いつきました。従来のやり方では、どちらの場合でもパートナー企業に一律の委託手数料を支払っていたのです。新たな仕組みのもとでは、紙ベースの取引に対しては委託手数料をまったく支払わない代わりに、オンライン処理の場合は割引せずフルに支払うようにしました。

こうして「それで?」を繰り返すうちに、パートナー企業でのオンライン化を阻んでいた要因、技術的な難しさ、委託手数料の問題を克服すべきだという課題が浮き彫りになったのです。

彼は5回の「なぜ?」と7回の「それで?」を使うことによって新たなチャンスを探し当て、「業界でもっとも革新的で効率がよく、テクノロジーを活用している企業になる」というビジョンに向けて前進することができました。

現状を見直すとは、端的に言ってしまえば、自分が身を置く世界を異なるレンズを通して眺め、厳しい質問をみずからに投げかけることです。そのレンズを通してあらゆるものを見るようにすれば、とてもおもしろい新たなチャンスが訪れるでしょう。こうした行動理念は、アイデアを強力にリードしてくれるはずです。

実例を見て学んだところで、あなた自身の行動理念をつくる作業にとりかかりましょう。見通せる範囲を超えて、その先に視点を合わせるように導いてくれるものが必要です。異なる視点で問題にアプローチすることができ、あらゆる変化に対して——プロセスの変更などの小さなことから、業界の再定義といった大がかりなものまで——アイデアを得ることができるように、あなたを鼓舞してくれる行動理念をつくりましょう。日々の業務で直面するさまざまな制約から離れ、新たな視点で仕事を見直すようにあなたを導いてくれる。そんな力をもっていることが大事です。

あなたの知性に強く働きかける性質をもつものなので、このワークにはかなり多くの時間を使って考えてほしいと思います。その際、2つのことを念頭に置いてください。1つは、既存のやり方にとらわれないこと。もう1つは、部下たちも新しいチャンスを見極めることができるようなかたちで、新しいアプローチを明確に示すことです。

この先の作業は、もうご存じですね。ストーリー、言葉、思い出など、頭に浮かんだことを書き留めてください。もしここで紹介したエピソードや言葉が心に響いたのであれば、もちろんそれもメモしておきましょう。よいアイデアが浮かんだらできるだけたくさんメモに残し、しばらく時間を置きます。見直したときに、何度もよみがえってくるテーマやストーリーがあると思いますので、それを探しましょう。それらを簡潔かつしっかりと、あなたに未来志向を促すメッセージとしてまとめます。

自分の心をいちばん強く動かすストーリーを選んで、シンプルなステートメントに凝縮しましょう。それを読んで背後にあるストーリーを思い出すたびに、あなたの視線が未来――新しい課題やチャンス――に向くようにしなければなりません。こうしてできあがったものが、あなたの行動理念になります。たとえば、かつて「何に対しても疑問をもて」が口癖の上司をもったことがあり、実際にその言葉があなたをやる気にさせたのなら、この言葉をそのまま使ってもいいですね。

これは、あなたが自分の居心地のいい範囲から抜け出して、物事を別の角度から見るように促すものです。そんな行動理念ができあがったら、チェックリストの項目について考えてみてください。

■ 行動理念をつくるために次の質問に答えましょう。

① あなたがこれまでに見聞きしたなかで、もっとも革新的ですぐれたビジョンをもったアイデアは何ですか？

② これまであなたが思いついたもののなかで、最高のアイデアは何ですか？

③ ほかの人に先駆けて脅威やチャンスを見つけ、すぐに対応したことはありますか？　そのとき、あなたは異なる視点で状況をとらえ、ほかの人には見えていないものに気づきましたか？

④ イノベーションを阻む最大の要因は何ですか？　どうすればそれを取り除けると思いますか？

■ 新しいアイデアを生むための行動理念

Check

☑ あなたの行動理念の効力を測るセルフチェック

- □ 発想を狭めてしまうような日常のしがらみから、これは私を解放してくれる。
- □ これがあると、新しい視点で問題やチャンスを見ることができる。
- □ これを読むと、将来あるべき姿や可能性について考えるようになる。
- □ 自分の仮説を疑い、新しい発想をするように、私を導いてくれる。

どうしたら実行力が高まるのか？

新しいアイデアが生まれたら、次にあなたを行動へと駆り立てるものが必要になります。すばらしいアイデアを実現させるのは、なかなか大変です。

とくに大きな変化を伴う場合、実行に移すには相当な勇気がいるでしょう。そもそもあなたの決めたことが間違っていたら、どうなってしまうのでしょうか？　思い描いたとおりには物事が進まず、あなた自身や組織にとってよからぬ結果を招いてしまったら……？

あなたが職場を追われるばかりか、何百人という社員が失業するかもしれません。

いざ行動に移そうとすると、社内政治、リソース不足、不確実性、猜疑心、恐れといったものが、心に入り込んでくるのです。

変化をつくり続ける

読者の皆さんには、オピニオンリーダーになってもらいたいです。そのためには大胆さが必要ですし、意思決定をおこなうときには明確さと力強さが求められます。私の同僚のアラン・ヴェックの言葉を借りれば、「考えをもっているのはすばらしいが、それだけでは不十分」なのです。真のオピニオンリーダーになるためには、変化の必要性を説くだけではなく、変化をみずからリードしなければなりません。そのようなリーダーシップを発揮するためには、迷いなくきっぱりと行動できなければなりません。

たとえば、分析ばかりして動けなくなっているチームや個人を、よく見かけませんか?そういう集団は決断できない人が集まっているので、行動する代わりに、表計算ソフトでモデルを延々とつくるという苦行を続けているのです。確かに人は、決断を恐れます。誤った決断をするくらいなら、何も決めないほうがましだと思い込んでいる人もいます。

しかし、多くの場合、それは間違っています。何も決めないでおけば、自分が間違っていたと責められたり、職場を追われたりすることはないと考えているのでしょうが、「フリーウィル」という曲の歌詞——「ルース」というバンドの楽曲で、私は昔から自分の行動理念として使っています——は、その点について、はっきりこう述べています。

「決断しないということで、きみは1つの選択をしたことになるんだ」

「動かない」というのも1つのアクションで、「選択しないこと」を選んでいるのです。意思決定を見送ると企業は停滞し、最終的には坂道を転がり落ちていきます。きわめて厳しい決断ほど先送りしてはいけないのです。

ところが、人員削減や組織のスリム化、部門や子会社の売却など、痛みを伴う決断は実行に移すことができないのです。

私のかつての上司が、分析に陥って動けなくなることの弊害を教えてくれました。あるとき、私は1年で100万ドルの収益をもたらすという分析に基づいた新しいアイデアを上司に提案しました。すぐに実行に移すつもりかと聞かれたので、私は分析を重ねてから、その翌週に変更を加えて実行すると答えました。すると、上司からこう言われました。

「分析を加えて来週また報告するときには、価値が2万ドル増えていなければダメだ。なぜならば、年間100万ドルの収益という予測を立てているのであれば、日割りにすると7日で2万ドルという計算になる。きみの分析には2万ドルの価値があるのか？」

答えは「いいえ」だったので、私たちはその日のうちに実行に移しました。このように、「動かないこと」は、その代償を数値化できるのです。

リーダーは決断しなければなりません。多くの場合、決断には痛みが伴いますし、その影響がおよぶ範囲も、数十人から数百万人までさまざまです。その結果、雇用が保障されたり昇給したりする人もいれば、見知らぬ都市へ転勤する人もいます。ビジネスを開拓する場合もあれば閉じる場合もあります。もっと極端な場合は業界を一変させ、人々の生き方をも変えてしまうことさえあります。リーダーの決断がすばらしい結果につながることもあれば、悲惨な結果を招くこともあります。それでもなお、リーダーは決断し、行動しなければなりません。

行動する気にさせてくれる行動理念は、とてもパワフルです。あなたを分析から活動へと動かし、迷いなく行動できるようにしてくれます。恐れや不安が少なくなり、物事が不確実なときにどう動くべきかを、はっきりと示してくれるのです。意思決定に関する行動理念のなかで私のいちばんのお気に入りは、歴史上もっとも偉大な軍人としてその名を刻まれている、ジョージ・パットンの言葉です。

「迷ったら、攻めろ！」

たんに好きだというだけではなく、私はこの名言を聞くと心が強く揺さぶられます。

従軍中、私は機甲部隊のリーダーを務めていました。はじめての任務では、M1エイブラムスという主力戦車が4台、戦略的に配備され、15人の兵士が専従することになりました。パットン将軍については、私は陸軍士官学校時代も、中尉としてはじめて武装に関する訓練を受けていたときも、詳しく勉強していました。パットン将軍は、武装を積極的に支援する軍人でした。そこで私も、「行動しないことは、戦地での行動として最悪である」という概念を採り入れることにしたのです。

そして、部隊のリーダーとして臨んだ最後の野外軍事演習のあいだに、私はこの行動理念を実際に使わなくてはならない局面を迎えました。とはいえ、ほんとうの戦闘ではありません。私は戦闘というものを見ずに従軍を終えており、私が参加した唯一の戦いは、バーでの喧嘩です。したがって、従軍中に野外で経験したことは、すべて作戦を試すための演習でした。机上で作戦を練ったときには、広大な戦地で敵の勢力を見つけて破壊するというシナリオになっていました。私の戦車は、大きな戦闘集団である旅団の中の大部隊、しかもその先頭を率いる部隊をさらにリードする役割を担っていて、まさに400台の戦車の最前列に位置していました。

〝戦地〟を進んでいくと、丘の連なりが近づいてきました。その先には複数の道が続いていて、どれかを選ばなければなりません。司令官と事前に作戦計画を練ったときに、私はもっとも速く、短い距離で丘を抜けられる道を使おうと決めていました。とところが、丘の近くまで来ると、果たしてどの道が作戦計画で選んだものなのか、わからなくなってしまったのです。実際の地形というのは、地図とは似ても似つかないものです。遮るもののない広大な戦地で敵から攻撃されないように時速40マイルで進んでいると、とくにそう感じます。

私は難しい選択を迫られました。一団を止めて地図を取り出し、正しい道を確認するか？　これは、あとに続く全部隊の前進を止めてしまいます。４００台の戦車と戦闘員を見晴らしのよい場所に待機させると、彼らを敵の砲火にさらしてしまうことになりますが、正確な進路を特定するための時間を確保できます。正しい道を進めば、不安要素の多い難所をうまく切り抜けることができるでしょう。

もう1つの選択肢は、時速40マイルのまま前進を続け、正しい進路の判断は勘に頼る、というものでした。これを選択した場合、一団を動かし続けることになるので、敵の砲弾のターゲットにはなりにくい。しかし、私が間違った進路を選んでしまい、結果として文字どおり全員が窮地に陥ってしまう可能性も含んでいます。

迷った瞬間、私はパットン将軍の言葉を思い出し、「攻める」と決めました。

「操縦士、左へ行け！　左の道を進め！」

私たちは攻撃し、あっけなく散りました。右へ行くべきだったのです。さいわいにも後続の部隊は、私の部隊がこっぱみじんになったのを見て、正しい道を大挙して進み、反対側にいた敵を壊滅させました。

私は間違った道を選択してしまいました。それは、方角を特定するのが困難だったという、私自身の問題でした。しかしあの状況では、進路を選ぶことよりも重要な意思決定がありました。立ち止まって地図で地形を分析してから判断するか、ベストな推測に従って進んだ場所で攻撃を続けるか――。まさに、この点が問われていたのです。

左に進んだ私の部隊がやられていくなかで、私は判断を誤ってしまったと感じました。しかし、あとで振り返ったとき、私の行動理念はじゅうぶんに役立ったと思えたのです。もしあのとき、地形を分析するために歩みを止めていたら、我々のあとに続いていた全員が、どこからでも狙われやすいオープンな場所で一時停止することになり、彼らも命を失っていたかもしれないのです。自分の行動理念に従って攻めることにしたために、私の部隊は全滅しましたが、残りの部隊は生き残り、戦闘で勝利を収めました。

つまり私の行動は、仲間に重要な追加データをもたらし、彼らはその新しい情報に基づいて、よりよい決断を下すことができたのです。

私が間違った道を選んだおかげで勝つことができた、などと言いたいのではありません。

もし私が正しい道を進んでいれば、全員が生き残っただろうと思います。肝要なのは、私が状況を鑑みて最善の策をとった、ということなのです。リーダーは、決断しなければなりません。いつも正しい判断ができるとは限りませんが、何も決めないよりは、ずっといい。あの状況で、もし私が決断することを放棄したら、全部隊の命をリスクにさらすことになるのです。

パットン将軍の言葉は軍隊だけではなく、ビジネスの現場で意思決定をするときにも役立ちます。

私がボーナス制度の変更を検討するチームと仕事をしたとき、その新しい仕組みは、企業の新たな目標と足並みを揃えるかたちで社員の行動が変わるように設計されていました。チームの中には、精緻な分析が必要だと考えるメンバーが何人もいて、その分析が終了したら、新しい制度を6ヵ月間テストしたいと言い出しました。当然そのテストが終わったら、さらなる分析を提案するでしょうから、組織全体で導入するのはそのあとになってしまいます。それだと1年がかりです。

私はミーティング中に、「すぐに組織全体で導入したほうがいい」と発言しました。6ヵ月も待つと、その機会費用（＊最大利益を生まない選択肢を選んだがために、取り損ねてしまったもの）は、はるかに大きくなると結論づけたのです。同時に、一度決めたからと言って変更できないわけではないという点も指摘しました。新しい制度が機能しなかった場合、もとの制度に戻すことは簡単で、あまりコストもかかりません。全体で採用してみた結果から学んだことを活かして、変更を加えればよいのです。

結局、私の勧めに従ってチームは新しいボーナス制度を全拠点で導入し、私たちはその結果をしっかりと観察しました。ちょっとした問題はいくつか発生しましたが、全体で見れば新しい制度は成功しました。不確実な状況にあってもきっぱりと行動することによって、チームは少なくとも6ヵ月分の利益を得ました。たとえ私の判断が間違っていたとしても、その代償はさほど大きなものではなかったはずです。チームには軌道修正する力があるのですから。

私たちは、新しい制度がきちんと運用されているかどうかを厳しく監視する仕組みをつくったことで、間違いをおかすリスクを軽減したというわけです。こうして私は、行動理念のおかげで、意思決定にまつわる不安や懸念を払しょくすることができました。

意思決定ではどのようなアプローチをとりますか？　あなたは強気で通す人ですか？直観で決めるタイプですか？　それとも、できるだけ多くの情報を集めてから判断したいほうですか？

判断を先送りする傾向がありますか？　決断するのが比較的ラクだと感じるものがあるとすれば、それはどのような種類のことですか？

意思決定の際にぶれないように導いてくれる行動理念を決める前に、あなたは現在どのように物事を判断して決めているのか、自分で自分を評価してみましょう。

最近おこなったなかで満足できた意思決定を振り返ってみて、そこで浮かび上がってきた理由こそ、あなたに行動を促す鍵です。

次に、結果に満足できなかったケースについても、細かい要素に分けながら原因を究明してください。

ほかの人の意思決定についても、同じように評価します。誰かが決めたことのなかで、あなたもその結果に満足した例、不満をもったケースを思い出してください。それぞれの原因を洗い出しておきましょう。

最後に、次の2つについて考えてみます。

（1）あなたが判断を先送りしている案件

（2）ほかの誰かが判断を先送りしている案件

なぜ、あなたは（あるいは、判断を保留しているその人は）決められないのでしょうか？　何かを恐れる気持ちが最大のネックとなって、判断を遅らせているのですか？　だとしたら、その恐れはどこから来ているのでしょうか？

判断するためには追加の情報が必要ですか（どうしてその情報がまだ集まっていないのですか）？　今すぐに決めた場合、もしその内容が間違っていたら、何か犠牲になるものはありますか？　決断を誤る可能性はどれくらいあると思いますか？　間違ってしまう可能性があっても今決めるほうがいいですか、それとも決断はあとになっても絶対に正しいほうがいいですか？

あなたに行動と英断を促し、「分析魔」に陥って決断を先送りしないようにする力をもっているストーリーを思い出してください。前にも言いましたが、お手本にしたい誰かの振る舞いでもいいですし、逆に「こんなふうに決めてはいけない」という悪い例を使ってもいいのです。決断を迫られたときにそれを思い出せば、生産的な方向に舵を切ることができる――。そんな力が行動理念には必要です。

たとえば、あなたは走ることが好きで、ナイキ製品の愛用者だとしましょう。かつて厳しい決断を迫られたときに、「Just do it.」というナイキのスローガンが頭に浮かんで前へ進むことができたのであれば、「Just do it.」を拝借するとよさそうです。自分にとって意味がある言葉で、それが過去の決断で味わった感情と結びつくのであれば、それはとてもよい行動理念です。

せっかちな人や、じゅうぶんに検討せずに物事を決めてしまう傾向がある人は、もっと慎重に決めるように言い聞かせてくれるストーリーを選んでください。決断を先送りするクセがある、あるいは時間がかかり過ぎる人の場合は、完璧を求めて決断を後回しにするのではなく、妥当な決断を今すぐにしたほうがいいと気づかせてくれるストーリーが必要です。いずれにせよ、あなたにとって効力を発揮する行動理念を完成させましょう。

データや意見はいくらでも集められますが、これを続けているとある時点から、弊害のほうが多くなります。完璧な情報を求めるあまり、あるいは決めることが怖いので、決断を先送りしたくなるかもしれませんが、その誘惑は断ち切らなければなりません。意思決定を促す行動理念をもっていれば、じゅうぶんな情報が揃ったところで決断できるように、あなたの背中を押してくれるはずです。

■ 行動理念をつくるために次の質問に答えましょう。

① 過去に自分が決めたこと、あるいは他人が決めたことのなかで、あなたが満足した場合に共通している点があるとすれば、それは何ですか？

② 過去に自分が決めたこと、あるいは他人が決めたことのなかで、あなたが不満に思ったものに類似点があるとすれば、それは何ですか？

③ 先送りされた意思決定には、類似点が見つかりますか？

④ これらすべての意思決定を振り返ると、どんなテーマが浮かび上がってきますか？　それに対して、あなたはどのように感じますか？

⑤ 最高の決断を物語るエピソードとして際立つものはありますか？

⑥ 二度と起きてほしくないと思うような、最悪の決断と言えるものはありますか？

■ 意思決定するための行動理念

Check

☑ あなたの行動理念の効力を測るセルフチェック

- □ 決めかねているときにこれを思い出したら、私は行動する気になり、決断に向かって前進できる。
- □ ベースになっているストーリーを思い出したら、心が強く揺さぶられる。
- □ 意思決定においてスピードと正確さのバランスを保つように、私を助けてくれる。

第4章

人々をリードする

組織のために、アイデアをいかにリードしていくか。チームに対してどうやって進路を示していくか。どうすればより安全に目的地にたどり着くことができるか。その都度、どのように物事を決めていくか——。前章でこれらの点にフォーカスした行動理念が揃いました。

次はいよいよ、部下や仲間を目的地に向けてどのようにリードしていくかについて考えていきましょう。

他人をリードするとはどういうことか？

マネジメントすることと、リーダーシップを発揮することは、同じではありません。その違いはシンプルに説明できます。

「物事はマネージし、人々はリードする」

グレース・マレー・ホッパー大将が遺したこの言葉は、美しく端的に両者の違いを言い表していますが、それでもなお、戸惑いを覚える部分もあると思いますので、ニュアンスの違いについて、より深く考えていきましょう。

マネジメントに陥ってはいけない

リーダーシップとマネジメントは密接につながっていますが、本質的には異なる概念です。マネジメントはタスク（やるべきこと）に特化していて、短い期間でとらえます。業務が完遂されるように、絶えずチェックリストとにらめっこです。

たとえば、予算の数字に合わせる、プロジェクトを期日までに間に合わせる、というように行動していきます。つまり、望ましい結果を得るために、いかにタスクを実行していくかがマネジメントなのです。簡単に言ってしまえば、目に見える結果を頭に描きながら、人、モノ、タスクを動かしていくことです。

私たちの仕事の大半は、物事のマネジメントに使われています。マネジメントには、書類、報告、会議、分析、記録などが求められるからです。区切りをつけないと、これらのタスクは日々の時間を際限なく奪っていき、あたかも1日じゅう組織を管理するための仕事ばかりやらされているように感じてしまいます。そんなとき、うっかりマネジメントとリーダーシップを取り違えてしまうのです。そういう場合、次のような論理づけをしているのではないでしょうか。

- 事実その1「私たちはリーダーだ」
- 事実その2「私たちのもっとも大事な役割は、リーダーシップを発揮することだ」
- 事実その3「私たちはリーダーなので、もっとも重要なことだけに時間を使う」
- 事実その4「私たちの時間はすべて、会議と報告と書類と分析に使われている」
- 結論「したがって、会議も報告も書類も分析も、すべてリーダーシップを成すものである。いや、それは違うと言うのなら、私たちはもっとも優先すべきことに時間を使っていない、ということになってしまう」

こうして並べてみると、この論理づけには誤りがあることは明らかです。とはいえ、日々の現場は目まぐるしく動いているので、リーダーシップとマネジメントを区別することは容易ではありません。会議や報告とは違うというのなら、リーダーシップとは何なのでしょうか？

リーダーシップは、人に目を向けるものです。一人ひとりが自分の力で、チームのことを考えながら行動する——。そんなふうに人の心を動かすような言葉や行動を示すことが、リーダーシップです。普通だったらしないようなことを、自分から動いてできるようにするために、リーダーは人々を鼓舞し、影響を与えなければなりません。

まさに、人にインスピレーションを与えることこそが、リーダーシップをうまく発揮する鍵になります。偉大なリーダーには、周囲の人々を巧みにインスパイアする能力が備わっています。インスパイアされた相手は、あふれるようなエネルギーをみずから活かし、潜在能力を存分に発揮しはじめるのです。チームのメンバーは、自分たちの存在意義を実感できてはじめて、心が動かされるので、リーダーはこの点に留意しなければなりません。

自分よりもほかの人々のことを第一に考え、彼らのためになることをするのが自分の最大の関心事であると示す――。それがリーダーシップです。リーダーは、個人のレベルよりもずっとスケールの大きなビジョンを明言し、それを達成するために一人ひとりが担っている役割を理解させ、彼らがあなたのビジョンを信じてとてつもなく大きな課題に立ち向かえるように、鼓舞していくのです。

個性を発揮して牽引すればいい

どのようなアプローチとスタイルでリーダーシップを発揮するかは、人によって千差万別です。しかしながら、「リーダーシップ・ツール」と呼ばれるもののなかには、チームのメンバーとどう接するべきかを画一的に指南するものがたくさんあります。こういうものの多くは、リーダーが違えばそれだけ多くのスタイルが存在することを無視して、「リーダーたる者はこう振る舞うべき」と決めつけています。ある人にとってはやりやすくて効果があっても、ほかの人にとっては使いづらいものもあります。

自分自身の個性やスタイルにぴったりと合っているからこそ、ありのままのあなたを活かしてリーダーシップを発揮することができます。

人をリードしていくのは骨の折れることですし、戸惑うことも多いです。悪い知らせや忠告、フィードバックを伝えるときには、言葉のやりとりに苦労します。こういう厳しい状況をなんとか切り抜けるには、サポートの存在が必要です。でも、「いかに人をリードするか」についての行動理念をもっていれば、こうした困難な状況や対話を乗り切ることができます。あなたがチームのメンバーとどのように接していきたいと思っているか、一本の筋が通るので、よからぬ状況に直面したときも矛盾なく対応できるようになります。

クライアントのアランは、欧州でオペレーションのチームを率いています。チームのメンバーに何を求めているのかをきちんと伝えることに、彼はいつも心を砕いて、その様子を次のように語ってくれました。

「私がどのように考え、みんなに何を期待しているのかをつねに理解しておくようにと、部下たちに言い聞かせています。ある状況での私の反応を相手が予測できると、本来であれば難しいはずの話し合いがラクになるということに気づいたからです」

アランがこのメッセージをチームに伝えていたときの手法を、いくつか紹介してくれたので、それらを彼自身の言葉で説明しましょう。

今のチームのみんなは、個人の利益よりもチームの利益を優先するはずだと、私は考えています。以前の仕事では、チームがそのように動いてくれなくて、私はその環境が大嫌いでした。だから、二度と自分のチームにそんな動き方をさせないと誓ったのです。

それ以来、私は口癖のように「チーム・ファースト」と言っているので、メンバーにはこれに従って行動することを求めています。メンバーが決めたことや実行したことを報告しに来ると、私は「チーム・ファースト？」と聞くことがあります。もし、その答えが「いいえ」であれば、チームの方針に背いたことによって生じた不都合を修正するように命じるのですが、私にそう言われても、彼らはまったく驚きません。

各人がどう振る舞うべきかを日頃から明確に伝えているので、アランは「チーム・ファースト」という、たった2語からなる質問で、仕事に求められている水準を満たす行動をとるように指南できるのです。

あなたの行動理念も、シンプルで明確で伝わりやすいものであれば、不測の事態が発生しても、チームのメンバーはあなたの反応を予測できるはずです。

反対に、行動理念を共有していなければ、ほんの少しのミスでも、いちいち水準を引き合いに出しながら誰かの間違いを指摘し、その処罰がフェアであることを正当化しなければばなりません。

あなたは周囲とどう接したいか

これから考える行動理念は、状況が不安定になったときにあなたを正しく導いてくれますし、とくに誰かと対峙しなければならないときには、きわめて重要な役割を果たしてくれます。

まず周囲の人々と自分はどう接したいかを明確にします。あなたが守りたいものは何か、チームのメンバーに期待することは何かを、はっきりさせる必要があります。

また、彼らのスキルや能力をどうやって伸ばしていきたいかについても、考えておいてください。考えるべきことがたくさんあるうえに、一つひとつ言葉で表現するのは大変です。しかし、まさにこの分野こそ、多くの人が空疎なバズワードの乱用に陥ってしまうところなのです。

シンプルな表現をめざしてください。次の直球の質問に沿って考えていくと、人をリードするのに役立つ、パワフルな行動理念をつくることができるはずです。

・自分のナチュラルなスタイルは、どのようなものだろうか？
・メンバーの個性を尊重して付き合うためには、何を心がけたらよいか？
・チームの現実をつねに把握しているためには、どうすべきか？
・周囲の人たちが成長するために、自分はどのように力を尽くすべきか？

人をどうやってリードしていくかを示す行動理念があると、チームのメンバーと日々しっかりと向き合うことができます。本章では、あなたが安心感を覚え、かつ効果のあるスタイルを明らかにしていきます。チームのメンバーと接するときに、彼らの個性と日々の仕事の両面を尊重すべきだということを、あなたに思い出させてくれる行動理念をつくっていきます。

完成した行動理念を実践していくと、チームのメンバーがスキルを伸ばし、経験を積み、キャリアを開発できるような機会を、あなたはリスクを承知で与えられるようになるでしょう。先ほどの4つの質問に答えた時点で、メンバーが自分の存在価値を認められて、さらなる高みをめざすように期待されていると感じられるチームづくりは、すでにはじまっています。

「従業員エンゲージメント」（従業員が前向きでやる気に満ち、会社に貢献していること）という言葉をよく耳にすると思いますが、あなたがすぐれた行動理念をもち、日々実践していけば、モラルが高くやる気に満ちた人材に囲まれることになるでしょう。

人は、組織図の上位に名前が載った時点で自動的にリーダーになれるわけではありません。リーダーシップとは、その人が周囲の人々とどのように関係を築くかによって決まるものです。その人自身のスタイル、他人に対する考え方と接し方、そして、周囲の人々を、本人の予想を超えて成長させられるかどうかにかかっています。

タスクを予定どおりにこなし、完了したらチェックリストから外していけばいいので、物事のマネジメントは簡単です。しかし、人をリードしていくのは大変です。努力を怠らず、つねに気を配り、自分よりも周囲の人のことを第一に考えて仕事を進めなければなりません。しっかりと人をリードすることに注力していれば、物事のマネジメントのほうは自然とついてきます。ですから、人をどうやってリードしていくかについて、一度じっくりと考えておくことをお勧めします。その努力は、必ず報われます。

ほんとうの自分とつくられた自分

「真の」という言葉が、職場で頻繁に使われていると思います。「本物であること」と定義されていますが、私は「見てのとおりで、これがありのままの状態」ということだと考えます。「真のリーダーシップ」という概念に当てはめると、リーダーはどのような状況でも同一の人物であるということになります。

真のリーダーは、信念や価値観を状況に応じて変化させたりしません。相手によって対応を変えたりもしません。心で素直に感じ、自信をもって言える言葉だけを口にします。真のリーダーは、人々が聞きたがっていることではなく、「聞くべきこと」（相手がそれを聞きたいかどうかに関わらず）を話します。そして、つねに首尾一貫した考えと信念に基づいて行動します。自分の理想に反するような行動をとるように言われたときは、正面切って反対するか、少なくとも賛成できないことを相手に伝え、正しい道を選ぶように周囲を説得します。つまり、その人の心から出てくる言葉、行動、信念が長いあいだに蓄積されて、リーダーとしてのスタイルが確立されるのです。

万人に支持されるはずもない

自分のスタイルがわかっていて、それを明確に伝えられて、そのスタイルを日々の生活で自然に守っていく――。これを可能にするためには、自分にとってベストな意思伝達と行動の仕方を見つけて磨き続けることです。自分の価値観や信念を無理なく伝えられる「道具」をもつことこそ、本物のリーダーになるための秘訣です。

私は「これが私の素なんです」と言い切れるタイプの人間です。すばらしいと思えば、その気持ちを口にします。ばかばかしいと感じたら、躊躇なくその懸念を相手に伝えます。自分の正直な気持ちを隠さず、いつも率直な態度をとるので、大抵の場合、相手に自分のスタンスを理解してもらえます。誰もがこれを好ましく思うわけではないことは自覚していますし、実際に私の態度が気に食わない人もいます。それでも、自分らしくない振る舞いで好かれようとするより、思っていることをはっきり口にして嫌われるほうがましです。

クライアントに、世界中から集めたエグゼクティブのチームを率いている人がいます。彼女はそのとき大がかりな組織改革を余儀なくされていました。これは実行する立場の人にとって、痛みを伴う難しい任務であることを、彼女自身もよくわかっていました。しかし、オブラートに包んで話すよりも、簡潔に直接チームに打ち明けることにしたのです。

「すべての改革に賛同してくれないでしょうし、難しいことをお願いしていることもわかっています。でも、あなたたちはリーダーの集団であり、私はそのチーム長として、グループ全体のパフォーマンスを向上させるために、あなたたちに改革を支持し、実行してもらいたいのです」

そう言ったあとで、彼女は一つひとつの改革案を簡潔に、ストレートに説明しました。配置転換や人員削減も含まれていたので、メンバーは嬉々として聞いていたわけではありませんが、彼女の率直な姿勢を評価し、そのアプローチに対して感謝の気持ちを口にしました。知っていることをすべて包み隠さず伝えてくれたので、彼女に対する信頼感が高まったとコメントする人までいました。彼女の偽りのない姿勢が、メンバーの猜疑心を払拭したのです。行間に隠されたメッセージを読み解くような無駄なエネルギーは使わずにすみ、難しい改革に集中して取り組むことができたのです。

リーダーシップに、人気取りは必要ありません。私は自分の考えをはっきりと伝えることによって、関係者の不安を取り除いています。自分のリーダーシップ・スタイルをはっきりと伝え、言葉と行動でそれを裏づけるようにしているので、ほぼすべての状況において、私のチームにいるメンバーは私の反応を予測できるはずです。

10代ではじめてリーダーというポジションに就いたときから蓄積された経験の中には、

良いものもあれば悪いものもありますが、まさにこれらの経験によって、私自身の振る舞い、リーダーという立場にある人たちに私が期待すること、チームがリーダーである私に期待すべきことが形成されてきました。したがって、私の行動理念は「いかにチームを引き受けてケアしていくか、彼らにどう振る舞ってほしいか」という点に主軸が置かれています。

「上の者には厳しく、下の者には優しく」

「問題をもってくるんじゃなくて、解決策をもってきなさい」

「上の者には厳しく、下の者には優しく」は、私の上司の上司にあたるシニア・エグゼクティブから教わりました。その人はつねに落ち着いていて、よほどのことがなければ、機嫌を悪くしたり声を荒らげたりすることはありませんでした。たんに概念として語るだけではなく、それを地で行く人でした。この考えには基本的に、次のような前提があります。

上位の役職にある者は、自分たちの決定が部下たちに与える影響について、つねに意識していなければならない。上位の役職にあってチームにマイナスの影響を与えた者は、厳しく叱責されるべきである。

「下の者には優しく」の部分は、然るべきときには、ちゃんとチームを褒めたり励ましたりしなさい、ということです。

ところが、ある日の午後、打ち合わせのためにそのシニア・エグゼクティブの部屋へ入ると、怒鳴り声が聞こえてきました。

「私に確認せずにあんなことをするなんて、信じられない。どれだけ愚かな判断だったか、自覚しているんですか？　二次的な影響を考慮しないなんて、私にはまったく理解できない。しかも、この件で一度も私に相談しなかったことは最悪です。もし相談されていれば、あなたがやろうとしていることはばかげていると、私は言ったはずです。これから大事な打ち合わせがありますから、もう電話を切ります」

今まで見たことのない姿を見て、私は面食らってしまいました。誰と電話で話したのか、席につきながら私は尋ねました。

「ケビンだよ」

私が知る限り、ケビンは1人しかおらず、それはこのシニア・エグゼクティブの上司でした。

「彼はとても愚かな決断をしてしまって、私は今さっき、そのことを知った。これを実行したら、きみたちに大変な苦労をかけることになるんだよ。そもそも、私に相談しなかったことに対して頭にきた。マイナスの影響を指摘してあげられたのに！　怒鳴り声を聞かせてしまって、悪かったね。でも、『上の者には厳しく、下の者には優しく』なんだよ」

最後の部分はどういう意味なのか、もう少し詳しく教えてほしいと頼むと、シニア・エグゼクティブはこう答えました。

「上層部の人間が間違ったことをしたら、すぐにその人を叱責するのが私の仕事だと考えていて、今のが、まさにそれだよ。象牙の塔から降ってくる愚かな決断に邪魔されないで、きみたちがきっちりと仕事をこなせるようにするのは、私の責任なんだ。『下の者には優しく』というのは、自分たちの仕事は感謝され、高く評価されているということを、チームのみんなに理解してもらいたいということだ。それが、『上の者には厳しく、下の者には優しく』だよ」

この言葉は私の行動理念に加わりました。しかも、これを教えてくれた当の本人に対しても、使ったことがあります。

あるとき、私のチームは優先順位を変更して新しいプロジェクトに着手すべきだと、このシニア・エグゼクティブが勧めてきたので、私はそれがいかに浅はかな考えであるかを説明しました。もちろん、自分の主張を裏づけるデータや情報を携えて。会話が終わったとき、シニア・エグゼクティブは自分の考えを撤回しました。執務室を出るときに、「『上の者には厳しく、下の者には優しく』ですよね？」と私が言うと、笑って頷きました。

2つ目の「問題をもってくるんじゃなくて、解決策をもってきなさい」は、痛い教訓として学びました。

コンサルタントとしてまだ駆け出しのころ、ある難しいプロジェクトを担当させられました。課題が入り組んでいたばかりか、クライアント側のチームには、このプロジェクトに非協力的なメンバーがいました。

ある金曜日の午後、会社の廊下を歩いていると上級パートナーに声をかけられ、プロジェクトの進捗について聞かれました。そこで私は、納期が厳しいこと、問題が複雑なこと、クライアントの抵抗など、あらゆる不満をぶちまけました。パートナーは、私に思いのたけを吐き出させ、そのあいだじっくりと耳を傾けていました。私が言い終わると、彼はこう尋ねてきました。

「きみが考えている解決策は？」

私は頭が真っ白になり、ただ彼の顔を凝視していました。私は解決法を1つも持ち合わせていなかったのです。

「問題をもってくるんじゃなくて、解決策をもってきなさい」

それだけ言うと、彼はその場を去ってしまいました。このやりとりについてプロジェクト・マネージャーに相談すると、「誰かに問題をもちかけるとき、しかもその相手がクライアントの上層部か、自分の会社の上級パートナーである場合は、つねに解決策も提示できるようにしなさい」と指導されました。すべてを解決できるような決定打をもっている必要はないけれど、少なくとももどのようなステップを踏むべきかについての提案はすべきだったと、彼女は説明してくれました。

この場合、提案書を作成してクライアントの上部組織と話し合い、彼らのチームの中でプロジェクトに対するコミットメントが足りないという点を、話し合えばよかったのだと、彼女に指摘されました。何の解決策も用意していないよりも、解決の糸口をつかんでいるほうが、よっぽどましなのです。

すべての問題を1人で解決するなんて、誰も私に求めていないのだと、彼女ははっきりと言ってくれました。それらの問題は、チームで一丸となって解決にあたればよいのです。ここで得た教訓は、チームのみんなに手伝わせる前に、まずは私自身ができるかぎり突き詰めて問題を検討すべきだったということです。いかなる状況においても、解決策をまったく考えずに問題を持ち出してはいけません。そして、解決策といっても大げさに構える必要はなく、「早速ミーティングを開いて問題を究明しよう」というシンプルなものでもかまわないのです。

私はこの経験からとても多くのことを学び、自分を成長させることができました。チームのメンバーにはいつも「私に問題をもちかける前に、できるだけ自分の頭で考えてほしい。でも、これ以上は解決策が見つからないというところまで考えて、行き詰まってしまったら、もちろん相談してほしい」と言っています。

この行動理念を使うと、メンバーは自分の問題解決能力を磨こうと頑張るか、手取り足取り世話を焼いてくれるような職場へ移っていくか、どちらかの反応を示します。自分でとことん考え、結果に対して責任をもつことを教えたい私にとっては非常に有効です。

技術サポートのチーム・リーダーを務めているゲイブから、以前こんな話を聞きました。彼の前任者は、チームの誰かが失敗するといつも厳しく叱責したので、部員たちはリスクをとりたがらないというのです。ゲイブがチームを引き継いだとき、彼のもとには部員たちからの承認依頼が殺到しました。

「明らかに自分たちで決められるような小さなことまで、私のところにもってきたのです。間違いをして怒られるのが怖かったからですよね。私に決めさせれば、自分たちは非難されなくてすむと思ったのでしょう」

そこでゲイブは、彼らを集めてこう言ったそうです。

「これからは、リスクをとるという発想で仕事をしてもらいたい。私に承認を求めるのではなくて、自分たちで判断してほしい。発想の転換を怖がる気持ちはわかるので、きみたちが乗り越えられるようにハードルを低くしてあげよう。もし不都合が生じたら、『ゲイブのせいだ』と思えばいい。きみたちが失敗したら、私が責任をとる。それがリーダーである私の仕事だからね。だから、『不都合が生じたら、ゲイブのせいにしろ』だよ。いいね?」

はじめのうちは、ゲイブがほんとうに約束どおりに振る舞ってくれるのか疑心暗鬼だったので、部員たちは小さなリスクをとることすら、ためらっていました。実際に失敗する人もいたのですが、ゲイブはその言葉どおり、部員に代わって自分が叱責を受けました。やがて彼のデスクに置かれる承認依頼の件数は少なくなっていき、部員たちの満足度も仕事ぶりも、向上しました。

あなたの行動理念も「ありのままの自分」を反映しているものでなければなりません。それには、２つのことをおこなうだけでよいのです。

（1）人々とどのように仕事をしていきたいかについて、簡潔に書く
（2）そのスタイルの手本を示しているストーリーを思い出す

では、例を使って考えてみましょう。あなたはある上司に仕えていて、その人はチームの全員に対して、「相手の意図をポジティブにとらえろ」が口癖だとします。部員のあいだで問題が発生すると、その上司は「相手の意図をポジティブにとらえろ」と言うので、その言葉のおかげでラクに問題を解決することができます。もし、このアプローチが有効で生産的だと感じたら、この言葉をあなたの行動理念として使えますね。

あなたらしい、真のリーダーシップがどのようなものかがわかったら、そのエッセンスをできるだけ明確に表現しましょう。そこで語ろうとするストーリーやモットーには、必ずあなたの個人的な側面がきちんと含まれているようにしてください。

■ 行動理念をつくるために次の質問に答えましょう。

① チームのメンバーは、あなたをどんなリーダーだと表現するでしょうか？

② 家族や親友は、あなたをどんなリーダーだと表現するでしょうか？

③ メンバーとうまく意思疎通できなかったときのことを思い出してください。その状況に戻ってやり直せるとしたら、どのように対処しますか？

④ メンバーとストレスなく意思疎通できたときのことを思い出してください。何が効果的だったのでしょうか？

⑤ 過去の性格診断で、どのように書かれていましたか？

⑥ 新メンバーから「どのように接してほしいか？」と聞かれたら、どう答えますか？

⑦ 組織の文化に縛られることなく、自由にリーダーシップをとれるとしたら、どんなチームをつくりますか？

■ リーダーシップ・スタイルを定義する行動理念

Check

☑ あなたの行動理念の効力を測るセルフチェック

- □ 私のリーダーシップ・スタイルの背後にあるストーリーを知った人は、私がどのようなリーダーで、どのように自分のチームと接したいと考えているか、しっかりと理解することができる。
- □ 私のありのままの姿を映し出していると、自信をもって言い切れる。
- □ いつどんな状況でも、私がリーダーとしてどう振る舞うべきかを、きちんと示してくれる。

顔と顔の見える関係

メンバーを深く理解していれば、よりよいかたちで彼らと接することができます。何よりも大切なのは、一人ひとりの個性を尊重することです。大きな組織の歯車の1つとして扱われたいなんて、誰も思っていません。それなのに、上に立つ者の配慮が足りないと、「自分はしょせん、歯車にすぎない」と感じさせてしまいます。どの職場でも頻繁に起きていることです。

「彼女がうちのチームのアナリストです」「うちのプロジェクト・マネージャーと相談してください」「うちの部長は、これをやるべきだと言っています」。こうした言葉を社内で聞いたことはありませんか？　「彼女」「プロジェクト・マネージャー」「部長」の代わりにテリー、ジャック、キムと言う習慣があったら、組織の文化はどうなるでしょうか？

プライベートでも、パートナーや大切な人について語るときに「夫」「妻」「フィアンセ」「彼」「彼女」としか言わなかったら、おかしな感じがしますよね？　地位や肩書だけで人を語ると、その人の人間性を無視することになってしまうのです。

人をリードしていくためには、彼らの人としてユニークな部分を認めなければなりません。リードする人と、リードされる人々とのあいだに、個人の顔が見える関係が築かれていれば、お互いを信頼し、尊重し合うための共通基盤が生まれます。

個人的なつながりを築けない人のリーダーシップは、薄っぺらで個性がなく、弱い力しかもっていないのです。

個人的なつながりは不可欠

とはいえ、簡単に相手の人となりを理解できるとは限りません。その人のことを知りたくても、なかなか会話を深める機会が巡ってこないものです。日々の業務に追われ、個人的な話をする余裕はありませんし、それぞれの担当も頻繁に変わります。やっとわかりはじめたと思ったころには、相手は別のポジションに移動してしまったりします。それならば、わざわざ努力して相互理解を深めなくてもよいでしょうか？

言い訳はいくらでもあるでしょう。しかし、メンバーを理解するために時間を割くことは、会議や日々のルーティーンをこなすことよりも、はるかに重要であると私は考えています。ランチを一緒に食べる、お茶に誘うなど、とにかく話す機会をつくりましょう。お友だちになれと言っているのではありません。もっと彼らのことを知る努力をしてほしいのです。個性が尊重されていると感じると、部下たちもあなたのことを大切に思い、あなたのために尽くそうという気持ちが強くなります。あなたの人となりを理解し、好きになって、成功を願うようになります。彼らのことを思いやるあなたの気持ちが、彼らのやる気に火を点けます。

チームワークに「私が〜」と主張する余地はありませんが、「私という人間」は存在しています。人はスケールの大きなものに関わりたいと思う反面、その過程においては自分の個性やアイデンティティーを保ちたいと、誰もが思っています。

ウエイトレスやホテルのドアマンの名札を見て、名前を呼びながら話しかけ、相手の反応を見てみましょう。名前を口にした瞬間、あなたはその人の人間性を尊重したことになります。相手は名前を呼んでもらえたというだけで、あなたのリクエストに応えたいと、より強く思うでしょう。これと同じことが、部下とのあいだにも起こります。1人の人間として尊重されていると感じると、幸せな気持ちになり、もっと組織に貢献したいと思うようになります。

チームのメンバーについてより深く理解し、彼らの個性を大事にするように、つねに注意喚起してくれる行動理念が、私には2つあります。1つは、相手を理解する努力を怠らないように仕向けてくれるもので、もう1つは過去の経験に基づいてつくられたものです。ちょっとした個人的なやりとりをしただけで、相手の潜在能力が引き出され、その人が組織のために想像以上の働きをしてくれた、という経験をしたことがあります。

「耳が2つあり、口が1つあることには、理由があるんだよ」

「彼が好きな飲み物はセブンアップ」

1つ目は、私があるコンサルティングのプロジェクトに配属されたとき、担当のパートナーから教わりました。彼は私の上司の、そのまた上司にあたります。

あるとき、重要な新クライアントの上層部との夕食会がありました。まだ経験の浅い私は、クライアント側の役員たちに強い印象を与えなければ、と力んでいたのだと思います。

食事の途中で、クライアントから経歴について尋ねられたので、私が従軍時代の話をすると、彼らは興味を示しました。おもしろがって聞いてくれるので、私は色々なエピソードを披露しました。食事が終わったころには、従軍時代の手柄を語り尽くしていたと思います。

あとでパートナーに感想を聞かれたので、私は会合が楽しかったこととクライアントに対してとてもよい印象をもったことを伝えました。クライアントは丁寧な態度で私の従軍体験談に耳を傾けてくれていたのですから。するとパートナーは、私はクライアントについて何を学んだのか、と聞いてきました。しばらく考えても、まともな答えが浮かびませんでした。

「マイク、楽しかったと言ってくれてよかったけれど、今後のために助言しておこう。耳が2つあり、口が1つあることには、理由があるんだよ」

パートナーのこの一言で、自分がしたことの問題点がくっきりと浮かび上がりました。

「私たちの仕事は、クライアントのビジネスをより成長させることだ。それを実現する唯一の方法は、彼らのこと、彼らの頭の中にあることを、理解することなんだ。自分が話す倍の時間を、クライアントの話を聞くことに充てたら、もっと彼らのことを理解できるよ」

じつに苦い経験でした。真実は、痛いところを突いてくるものです。しかし、そこで得た教訓を活かすことができれば、痛みは消えていきます。

パートナーの助言は、その日から私の行動理念になりました。相手を理解するためには、その人の話に耳を傾ける。自分が答えるのではなく、相手に質問する――。このことを私に思い出させてくれるのです。うっかり喋り続けてしまったときは、この言葉を思い浮かべ、聞き手に回るようにします。

正直に言うと、いつもパートナーからもらった助言に忠実でいられるわけではありません。私は話すことを生業としているくらいなので、もともと多弁です。だからこそ、この行動理念をもつことは、より大きな意義があります。

相手の言うことにじっくりと耳を傾けると、その人のこれまでの軌跡やものの見方、抱えている問題などについて、関心をもっているというサインを送ることになります。

「彼が好きな飲み物はセブンアップ」は、私が軍で小隊長をしていたときに、部下の兵士と交わしたやりとりに由来しています。シュメドラップ一等兵（仮名）は、およそ模範的とは言えないタイプで、私たちは愛情をこめて「問題児」と言っていました。遅刻はするし、制服はいつもだらしなくて、酒に酔った状態で隊形に加わったことすらありました。あるときは、ひどく泥酔していて、アルコール探知器の結果が「あり得ない。冗談だろう？」というレベルの数値を示していました。野外軍事演習のときは、必ず誰かの監督下に置く必要がありました。細かい指示を与えないと、隙あらばサボろうとするからです。私はなんとかして彼を変えようとしましたが、その努力はむなしく、彼自身はまるで最悪の兵士になろうと決め込んでいるかのようでした。

猛烈な暑さに見舞われたある日、私たちはとある野外軍事演習をおこなっていて、休憩時間になると機甲部隊の演習場の裏手にあるテントで、トランプをしてくつろいでいました。私は操縦士に5ドル紙幣を預け、購買所で全員分の炭酸飲料を買ってくるように頼みました。テントから出て買い物に出かけようとする彼に、兵士たちの名前とそれぞれの好きな飲み物を書いたリストをわたしました。

「ペプシ・コーラを2つ、ドクター・ペッパーを1つ、スプライトを3つ、コカ・コーラを2つ、セブンアップを1つ」と私から言われると、彼は素早く出かけていきました。テントに戻ると、私のリストに従って、飲み物を配りはじめました。シュメドラップ一等兵はセブンアップを受け取ると、戸惑った表情を浮かべて操縦士の顔を見上げました。

「俺がセブンアップを好きだって、知ってたのか?」

「違うよ。お前のために買ってくるように、中尉に言われたんだ」

操縦士は私のほうを指しながらそう答えました。

「自分がセブンアップを好きだと、中尉はご存じだったのですか?」

シュメドラップ一等兵は驚いた様子で私に尋ねました。

「ああ。私はきみのことをよく知っているよ」

そう言ったあと、この会話について深く考えることはなく、私はトランプのゲームに戻ると、また負けはじめました。

この翌日、私の隊に新入りが加わったのかと見まがうほどに変化した、シュメドラップ一等兵の姿がありました。命令されたり、上司にうるさく言われたりする前に、自分から仕事をしていたのです。笑顔を浮かべ、身なりも整い、任務を予定どおりに完了していました。どれも求められる水準に達していたか、それを上回る仕事ぶりでした。その日の終わりに、私は彼の貢献に謝意を伝えました。

「シュメドラップ、今日はよくやってくれた。いい仕事をしてくれてありがとう。でも、ちょっと聞いていいかな。いったい、何が起きているんだい？」

「中尉、どういう意味でしょうか」

「きみの仕事ぶりが、今までとは違う。突然の進歩には何か理由があるのかな？」

「はい。昨日セブンアップをくださったとき、自分は中尉にとって単なる一兵卒ではないのだと、実感したのです。自分にも存在価値があると誰かが示してくれたのは、ほんとうに久しぶりでした。感謝しています。中尉が自分のことを大切に思ってくださるので、自分も中尉のためによい仕事をしなければなりません」

たった1本の炭酸飲料が、思いもよらない強いメッセージを発していました。相手のことを1人の人間として認め、気にかけ、大切に思っているということが、伝わっていたのです。それ以来、セブンアップの缶を見るたびに、シュメドラップ一等兵との会話を思い出します。チームのメンバーの単純な好みやニーズを知っているだけでも、私が一人ひとりの個性を大事にしていることを示せるのだと、このエピソードは教えてくれたのです。

とはいえ、日々の仕事でプレッシャーにさらされていると、一人ひとりを大切な個人として扱うことをつい忘れてしまうので、私もつねに自分の行動理念どおりに行動できるわけではありません。それでもなお、この言葉を思い出すたびに救われています。

次に、アイルランドの製薬会社で役員を務めているアンのアプローチをご紹介しましょう。彼女の行動理念はユニークで、「知りたがりでいこう」です。ただし、アン自身は社会人になりたてのころ、プライベートについて同僚と自然に会話することができませんでした。

あるとき、部下のデレックの仕事ぶりが低迷しはじめたので、アンは彼をサポートして状況を改善しようとしたのですが、何をやってもうまくいきません。

彼女が打ち出した解決策は、いずれもデレックの職場での勤務態度に関わるもので、研修を受けさせる、メンターをつける、担当業務を変更する、というようなことでした。ところが、デレックは家庭でトラブルを抱えており、それが仕事に支障をきたしているということが、ようやくわかったのです。事情を理解すると、アンはデレックの勤務時間に柔軟性をもたせ、彼が家庭の問題に対処できるようにしました。これですべての問題が解決できたわけではありませんが、状況は劇的に改善したそうです。

アンは、デレックという人のことをもっと知ろうとしなかった自分に落胆したそうです。そして、相手のプライベートに立ち入らないようにしていたのは、自分が育った環境にあると考えています。

「人のプライベートに関する質問をすると、いつも母に『あれこれ知りたがるのはやめなさい』と言われました。でも、母の忠告がつねに正しいとは限らないので、『知りたがり』になってもいいのだと、今は自分に言い聞かせています。そうすることによって、自分の部下たちに対して、もっとよくしてあげられるのですから。だから、『知りたがりでいこう』が私の行動理念なんです」

ほとんどの人は善意に基づいて行動しています。しかし、人生ではさまざまな横やりが入り、思うように振る舞えないことがあります。たんに「相手を1人の人間として扱いなさい」と言うだけでは、古臭い言葉が空しく響くだけですが、行動理念としてもてば、まったく異なります。

プライベートについて話したがらない人もいるので、やたらと根掘り葉掘り聞き出そうとする必要はありませんが、相手が喜んで共有してくれるのなら、それを拒む理由はありません。

相手の人となりを知ることの大切さを教えてくれた出来事やストーリー（たとえば、私のセブンアップの話のような）はありますか？

部下たちとのエピソードが何も浮かんでこなかったら、過去に自分が仕えた上司を思い出してください。あなたの個性を尊重してくれていると感じたことはありましたか？あなたに鮮やかな感覚をよみがえらせてくれるものが行動理念につながります。もし、あなたがクリーブランド・インディアンスの大ファンで、上司があなたの誕生日に観戦チケットをプレゼントしてくれたことがあるのなら、「インディアンス対レッドソックス戦4月6日」があなたの行動理念のキーワードになるかもしれません。

くれぐれも、自分の心に強く働きかけるものを選んでください。パワフルな言葉はあなたに行動を改めさせ、これまでとは違うアプローチで人と接するように背中を押してくれます。

行動理念は時間の経過とともに変化していきますから、今この段階で完璧をめざして時間をかけすぎてはいけません。

日々のルーティーンワークから一歩離れ、周囲の人たちのことを知る努力をするように促してくれる——。そんなパワフルな行動理念をもてば、部下たちはどんな人間で、何を大切にしていて、どんな能力をもっているのか、以前よりも理解できるはずです。

部下たちは、あなたにとって自分たちの存在価値は大きいのだと実感できるので、あなたをもっと大切に思ってくれます。この絆が、あなたに対する尊敬や忠誠心を育むことになり、あなたは、よりうまく人々をリードしていくことができるのです。

■ 行動理念をつくるために次の質問に答えましょう。

あなたの部下、あるいは定期的にあなたのもとで仕事をする機会がある人たちの名前を書き出してみましょう。名前の下にはじゅうぶんな余白を残して、次の質問に対する答えを書いてみましょう。

- 彼らが育った場所は？　家族構成は？
- 子どもやペットの名前は？
- 子どもが夢中になっていることは？（たとえば、スポーツや演劇、ダンスなど）
- 余暇の過ごし方は？　スポーツ好きであれば、応援しているチームは？趣味は？
- 本人がもっとも誇りに思っている成果は？　これまでにいちばんがっかりしたことは？　キャリアの抱負は？

［ 部下や仕事仲間・パートナーの名前 ］

■ 他人の個性を尊重するための行動理念

Check

☑ あなたの行動理念の効力を測るセルフチェック

□ 相手を肩書で判断せず、個性に目を向けるようになる。

□ メンバーたちが仕事場以外でどのような生活を送っているか、知ろうとするきっかけを与えてくれる。

□ 行動理念を実践すれば、みんなの個性を大切に思っていると伝わる。

目標設定の難しさ

従軍時代は「隊の能力に応じて配置を決める」という原則に従っていました。20台の戦車を撃退させるのに、ライフル銃しか持たない兵士を5人戦地へ派遣するなどという間違いはあってはならないからです。

これは、「できない仕事を部下に与えないほうがいい」ということになります。無理なことに挑戦させられて失敗すればモラルが低下します。現在の実力を前向きに評価するためには、自分の目でメンバーの力量を確かめるしかありません。部下の業務内容を知れば、どのくらいの量が妥当なのか判断がつきます。また、そういう知識をもっていると、部下たちから信頼され、尊敬されることにもつながります。

これまで上司や先輩から無理難題を与えられた経験はありませんか?　ばかげた要求には不満しか残りません。賭けてもいいですが、あなたの部下たちも、同じようなことをあなたに対して思ったことが、少なくとも一度はあるはずです。

チームが機能不全に陥ることは明らかなのに、なぜこういうことが頻繁に起きてしまうのでしょうか？　人は自分自身のことで頭が一杯で、周囲の人々が抱えている課題には、じゅうぶんな注意を向けていないからです。こうした無関心は、人とのあいだの距離を広げてしまいます。現場を把握しておらず、象牙の塔に引きこもっていると思われれば、リーダーとしての信頼も尊敬も失墜します。

中尉は戦車の下におります

部下にしてもらいたいことを、みずから率先して本気で取り組むのです。もちろん、つねに実践するのは不可能なので、チームの状況を見極めながら調整しましょう。たとえばコールセンターのチームを率いていたとき、私も現場で部下と顧客とのやりとりを聞いたり、定期的に自分でも電話の応対をしたりしました。軍で小隊長をしていたときは、毎日「兵士としての任務」もこなしていました。

時間とエネルギーを使ってこうした努力を続けると、部下たちが日々の現場で遭遇していることについて、理解が深まるばかりでなく、あなたも部下たちの仕事をおこなう意思があるというメッセージになります。そしてもっとも重要なのは、適切で無理のないプロジェクトや業務を、部下に割り当てることができることです。

折に触れてこの姿勢を示すためには、現場に出て汗を流せとあなたに注意喚起してくれる行動理念が必要になります。私の行動理念は、文字どおり汗と泥まみれになった体験に基づいています。

「上官、中尉は戦車の下におります」

この言葉を思い出すたびに、戦車の下にもぐってメンテナンスをおこなったときのことが目に浮かびます。

当時、私の小隊は数週間にわたる野外軍事演習に参加していました。ある朝、私の小隊が所属する部隊の上官が、様子を尋ねてきました。この人は「士官にとっての上官」であって、「兵士にとっての上官」ではありません（この違いは後述します）。上官は、私の部下である18歳の操縦士──彼は入隊したばかりで、軍の中でもっとも低い地位の一兵卒です──のところへやってきました。操縦士は休憩中で、戦車に寄りかかってタバコをくゆらせていたのですが、上官が近寄ってきたので、タバコの火を消して姿勢を正しました。

「フィグリオーロ中尉はどこだ？」と上官に聞かれ、操縦士は戦車の下からブーツの足先が出ているところを指しました。上官は、彼が自分の言うことを聞いていなかったと思っていらだち、こう言いました。

「どうやらきみは、私の質問を理解していないようだ。フィグリオーロ中尉はどこにいるのかと、聞いているんだよ」

「上官、中尉は戦車の下におります」

「なんだって？」

「上官、中尉は戦車の下におります！」

上官はかがみこんで「フィグリオーロ中尉！」と大声で私を呼びました。私はびっくりして、思わず車体に頭をぶつけてしまいました。ヘルメットをかぶっていたのがさいわいでした。戦車の下から出てくると、私は上官の前で直立しました。

「戦車の下にもぐり込んで、いったい何をしていたのだ？」

「上官、自分は戦車を修理していました」

上官は目を丸くしてこう言いました。

「なぜきみが修理していたんだ？」

「戦車が故障しておりますし、私は自分のやるべき任務をすべて完了しておりますので」

上官は首を横に振りました。ひどく不愉快な衝撃を受けたのでしょう。くしくも部下がタバコを吸って休んでいたので、私の行為がまったく理解できなかったのです。

上官はぶっきらぼうに、「続けたまえ」とだけ言って、立ち去りました。そもそも、操縦士は明け方の2時からずっと任務にあたっていたので、あのとき休憩をとっていたのです。私が代わりを引き受けて、彼を休ませました。

この話は、昼食の時間を迎えるころには中隊に所属する全兵士の知るところとなり、夕食時間にはもう、全部隊の兵士が知っていました。突如として、私は兵士のあいだで有名人になってしまいました。私は彼らの仲間――たまたま士官の肩章をつけているというだけで、普通に現場で仕事をする人――なのです。泥まみれになりながら戦車の下にもぐってネジを回していたというだけで、階級ではなく私という人間に対して、兵士たちの尊敬を集めたようです。


今でも、「上官、中尉は戦車の下におります」という操縦士の声が脳裏に浮かびます。この言葉は私にチームの実情を把握し、メンバーの現在の実力を前向きに評価するように、促してくれます。

反対に、「この人は何もわかっていない」となってしまった状況を、私は両方の立場（上司としても部下としても）で経験しており、今でも当時のことを鮮明に憶えています。

最初に、上司が「全然わかっていない人」だったケースをお話ししましょう。

ある会社のコンサルティングで、責任者のパートナーから業界動向を予測するモデルを設計するように言われたときのことです。意気揚々と取り組んだところ、モデルは複雑になり、奥が深くなっていきました。しばらくしてパートナーが進捗を聞きにやってきました。私はモデルのなかで組み立てた3つのシナリオを見せました。それぞれが、5×5のマトリクス（業界の厳しい動向に応じて生じる損益のパターンを想定したもの）でデータを解析する方法をとっていました。マトリクスについて説明をしたあと、すでに解析を終えた1つ目のシナリオを見せました。そして、残り2つについてはまだ時間を要すると伝えました。

マトリクス表を眺めていたパートナーは、「どれくらい時間がかかるんだ？」と聞いてきました。エクセルで表計算をしたことがある人なら、一見しただけでマトリクス表が単純か複雑かを判断することができるはずです。私がつくっていたモデルは、複雑で変数が多いので、1つの項目のプログラミングに10分程度はかかると説明しました。

「要するに、20分あればあと2つのシナリオの解析も終わるということだな？　それはすばらしい。終わったら教えてくれ。結果を見ながら話し合おう」

私は即座に彼の誤解を正しました。

「いえ、そうではなくて、それぞれの項目に10分くらい必要なので、1つのマトリクス表を完成させるのに4時間はかかりますから、明朝以降になります」

パートナーは目をしばたたかせて、納得できないという顔をしました。「モデルの作成に4時間もかかるはずがないだろう。きみのやり方がおかしいんじゃないか。1つの項目をどうやってプログラミングするのか、やってみせてくれ」

そう言われたので、実際に複数の数式をつくって1つのセルを確定するまでの過程を、パートナーに見てもらいました。コードの入力に10分ほどかかると、パートナーはこう言いました。

「ああ、よくわかったよ。きみに任せる」

私たちのやりとりを近くで聞いていた同僚たちは、目立たない場所でクスクス笑っていました。このパートナーは、私たちの業務に無頓着であることがわかってしまい、メンバーからの信頼と評価は下がりました。

とはいえ、行動理念をもちながら、私もこのパートナーとまったく同じような振る舞いをしてしまったことがあります。

ある企業で、とあるチームのマネジメントを任されたときのことでした。私たちのミッションは、その企業の利益率を上げるためにつくった消費者中心の戦略をテストし、スタートさせることでした。チーム長に就任して間もないころ、私は自分の仮説をテストしてほしいと、チームに依頼しました。テストは数日で終わるはずだと思い、その予想を広く周囲にも伝えていて、自分の上司にも近いうちにおもしろいデータを報告すると言いました。私がこんなふうに公言しているのを知って、実際にはテストを完了して結果が得られるまで半年はかかるのだと、部下たちは私に説明しました。

私はショックを受け、チームが間違ったことをしているのではないかと疑い、その考えを躊躇なく彼らに伝えましたが、なぜ半年もかかるのか、私が理解できるまでメンバーたちは辛抱強く、テストの仕組みや測定のプロセスについて説明してくれました。

どういう課題を乗り越えなくてはいけないのか、私は愚かなことに、まったく把握していませんでした。さらに愚かだったのは、自分は作業の複雑さをじゅうぶんに理解していないのに、すぐにできるはずだと物知り顔で強く主張したことです。

行動理念は、もっているだけではなく機会があるごとに使わなければ意味がないのです。幸運なことに、あなた自身は日々のゴタゴタには直接関わらずに、自分の仕事を進めることができるかもしれません。人に頼んだ仕事も、大抵はやってもらえるはずです。あなたは上司なのですから。

しかし、部下たちは違います。組織内で邪魔が入ったり、政治に巻き込まれたり、信用を落としかねない問題に遭遇したりするのです。そんなことはずっと前に乗り越えておいてほしいと思うかもしれませんが、メンバーは日々格闘しています。当然、あなた自身も課題を抱えているわけですが、あなたの上司だって、やはりあなたの日々の苦労をわかってくれないでしょう。でも、ここで問われているのは、あなたがどうやってチームをリードしていくかです。224頁のワークで部下たちが直面している課題について、知っていることと知らないことを洗い出しましょう。

この作業をしているうちに、おのずと行動理念が浮き彫りになってくれれば理想的です。前にも言いましたが、エピソードでも、言葉でも、誰かの名言でも、イメージでも、とにかく部下たちの事情を理解し、把握していることの大切さを、あなたに繰り返し教えてくれるものであれば、なんでもよいのです。今のチームにまつわることでもいいですし、過去の経験から引き出したものでも、どちらでもかまいません。

いずれの場合でも、部下たちとの話し合いの場はもつようにしてください。愚痴を聞く場になってしまうかもしれませんが、終わるころにはあなたにとって学びの深い、生産的な機会となっているでしょう。

たとえば、予算を立てるのに時間が足りなくて切羽詰まっているとき、自分たちと一緒に作業をしてくれる上司をもったことがあるならば、「カレンが予算を立ててくれた」のようなものを、あなたの行動理念のキーワードにすればよいのではないでしょうか。上司がメンバーと一緒に頑張る姿を思い浮かべたとき、あなたも見習いたいと思うでしょう。共感できるものは、そのまま行動理念に採り入れることができます。

■ 行動理念をつくるために次の質問に答えましょう。

① 実現可能な主要案件のうち、あなたの部下たちにとって、もっとも優先順位の高いものはどれですか？

② 業務のなかで、時間がかかるわりには大きな成果につながらないものは何ですか？

③ チームにとって、もっとも大きな障害は何でしょうか？（例：リソースが限られている、ほかのグループに阻まれている、優先事項が多すぎる、時間が足りない、やるべきことが明確になっていない）

④ あなたがチームの仕事をよく把握していて、それが部下たちにわかったとき、きわめてポジティブな効果につながったという経験をしたことがありますか？

⑤ あなたがチームの仕事を理解していなくて、それが部下たちに伝わったとき、きわめてネガティブな結果をもたらしたという経験をしたことがありますか？

⑥ 上司があなたの仕事についてよく知っていて、あなたと同じくらいその仕事をうまくできることがわかった、という状況を経験したことがありますか？

⑦ 上司があなたの仕事についてまったく理解していないと感じ、その無頓着ぶりが足かせになったという経験はありますか？

■ 部下の仕事を理解するための行動理念

Check

☑ あなたの行動理念の効力を測るセルフチェック

- □ この行動理念があれば、私はつねにチームに対してバランスのとれた指示（アグレッシブすぎず、過度に現実的でもない）を出すことができる。
- □ 部下たちがやっている仕事、そして彼らが抱えている課題について、きちんと認識する努力を怠らないように、私を促してくれる。
- □ これを守っていれば、彼らの事情をいつも把握できるようになる。
- □ 自分がチームの苦労を理解し、その努力を評価していることが、メンバーに伝わる。

お金だけがモチベーションではない

部下たちは、お金を稼ぐことだけが目的で仕事をしているわけではありませんし、上司に会いたくて出社してくるわけでもありません。難しいことに挑戦したい、自分をもっと進化させたいと思っていて、成長できる機会を渇望しているのです。56頁であなた自身が書いたことを読み返してみてください。あなたが毎日職場へ向かう理由は何ですか？

ほとんどの人が、やりがいがあって能力を高められる仕事に就きたいと思っています。ですから、あなたはそういう環境づくりをしなければなりません。しかし、期日に追われ、プロジェクトを切り盛りし、日々発生するトラブルの対処に時間を奪われていると、こういうことは後回しになってしまいます。そしてもう1つ（しかも少々タチの悪い）要因があります。それは、「自分がコントロールできなくなったら困る」という気持ちです。

失敗とは、部下の誰かがどこかで何かを間違えたということです。すなわち、リーダーである自分がどこかで何かを間違えたということになる……。私たちは、誰しもこんなふうに失敗を恐れるものですが、成長するためには、新しい課題に挑み、未経験の壁を乗り越えなければなりません。これには失敗がつきものです。

もし、あなたのチームがどこかでつまずいたとしても、それが適切な条件下で起きたことならば、あなたはリーダーとして正しいことをしたのです。別の言い方をすると、部下に成長の機会を与えるとき、そのリスクは計算できるので、あらかじめそれを念頭に置くべきです。

部下を成長させる唯一の方法

すでに完璧にこなせる業務を割り振られても、部下にとっては成長の機会につながりません。単調な仕事ばかりやらされると、彼らは退屈し、焦燥感を募らせます。一方で、あなた自身も意図していない、次のようなメッセージを発することにもなってしまいます。

「私はきみたちの能力を信用していないので、まだ複雑で難しい仕事を任せられない」

とかく人は、物事を裏読みして否定的に解釈しがちです。あなたとしては、部下たちに期待し、結果を出してくれると信じて今の仕事を任せているのかもしれませんが、相手があなたの意図をどう読み取るかはわかりません。

心から相手を成長させたいと思うなら、部下たちがまだできない仕事を与えるしかありません。現実的に考えれば、失敗につながる可能性はありますが、部下の成長を支え、彼らの意欲を喚起するのに、とても強力なアプローチです。

部下に成長の機会を与えることをためらってしまうときこそ、行動理念の出番です。部下の挑戦心に火を点けて、彼らを成長させるように促してくれるものを、これからつくっていきましょう。

「だが、彼はまだこの仕事をやったことがないじゃないか！」

これは、私が行動理念を思い出すために使っている言葉です。

以前勤めていた会社で、オペレーション部門のインフラをサポートするチームの責任者をしていたとき、私のもとにカーソンという優秀な部下がいました。彼は誰もが認める一流のアナリストでしたが、つねに単独で動いていました。ところが、組織が大きくなるにつれて、彼の担当分野でもチームを編成する必要が出てきました。そのとき、私には2つの選択肢がありました。1つは、チームづくりで実績のある人を外部から採用する。もう1つは、カーソンには人材マネジメントの経験がないのを知りつつ、彼に任せてみる。

後者の選択肢でいきたいと上司に伝えると、その上司は少しうろたえてこう言いました。

「だが、彼はまだこの仕事をやったことがないじゃないか！　自社の人間も販売会社も、彼は使ったことがないんだぞ。だったら、マーケティング部門からテリーを呼んで、彼女に任せたほうがいい。私が知るかぎり、テリーは少なくとも10回以上、チームづくりを経験している」

そのとき上司に対して示した考えが、私の行動理念のもとになっています。

「テリーが優秀なのは知っていますが、さすがに今回で11回目の仕事になるので、張りきってやってくれるでしょうか？　そもそもテリーだって、はじめてのときは上司の誰かがリスクを承知で彼女に任せたわけですよね？　まさに今、私はカーソンに同じチャンスを与えようとしているのです。どこかの段階で、彼も人を動かす術《すべ》を学ばなければなりません。私がその手伝いをするつもりです。チームを率いることに関しては、私が効果的な方法を教えます。販売会社を管理した経験もありますから、そのやり方も教えます。もし、マイナスの影響があるとすれば、私が彼を指導する時間が余分に発生するということだけです。事業全体への影響はありません」

「オーケー、わかったよ。きみのチームだからな」

成長の一環として、失敗するリスクを承知で、私はカーソンに賭けました。とはいえ、彼はすでにこのビジネス自体には精通していましたし、私から期待されていることも、私の仕事スタイルも理解していたので、人選ミスになるとは考えませんでした。もし、新しい人にイチから教えるとなると、大幅な時間のロスになるかもしれません。新しい仕事に求められることに対して、その人がすでに60~80パーセントの対応力をもっているのであれば、残りは自分が教えるか、適切な人をサポートにつけてカバーしようというのが、経験から導き出した私のゆるぎない持論です。

このアプローチには、組織の人材を厚くするという副次的な利点もあります。もし私がテリーを採用して、彼女が転職してしまえば、代わりを見つけるのはかなり大変です。

カーソンは全力で仕事に取り組み、時には痛い思いをしながらも、多くの経験を積み、チームを上手にリードして、販売会社の管理もとてもうまくやれるようになりました。半年後、私は彼を昇進させました。彼自身がとても喜び、会社への忠誠心が高まったばかりか、このチームは稼ぎ頭になって会社全体に大きく貢献しました。

また、私の評判も高まったので、チーム内のポストに空きが出ても人材の確保で苦労することはありませんでした。

新人を迎えるときにこの話をすると、私は人材開発にコミットしていることを、彼らに理解してもらうことができます。同時に、私のほうでもそういう機会をちゃんと創出しなければならなくなります。もし私がメンバーにチャンスを与えることを嫌がったりためったりしたら、彼らはこの言葉をもち出して、私の振る舞いを正してくれるでしょう。

もう1つ、相手の力を伸ばすためにはフィードバックも必要です。部下に成長の機会を与えたら、次はその人が確実に成長するようにしなければなりません。あなたからの指導とフィードバックがなければ、彼らは力をつけることができません。しかし、フィードバックをするのはなかなか難しいです。私たちはとかく、「目標の37パーセントを達成できてよかったね」といったコメントをしますが（気軽に言えるので）、これはフィードバックとしてはあまり有効ではありません。相手に具体的な行動を求めていないからです。

部下の行動をよく観察し、改善の余地があればそれを伝えるのが上司の務めです。目標の達成というわかりやすい指標があれば簡単ですが、状況がもっと複雑な場合はやりにくいので、あえてフィードバックをしないという人が少なくありません。

しかし、問題があるのに見て見ぬふりをしていると、どんどん状況が悪化して余計に話しづらくなり、しまいには「きみに退職金を支払う。解雇通知だよ」と言うべきタイミングを迎えてしまいます。私自身も、早い段階での介入や話し合いは避けたいと思ってしまうのですが、上司の責任としてなるべく早期にフィードバックの場をもたなければいけないことも自覚しています。そのことを忘れないようにするために、次の言葉を行動理念として使っています。

「100ヤード手前での軌道修正は、100ヤード進んでしまったあとよりもラクだ」

聞こえがよく、なるほどと思えても、それだけでは不十分です。あなたの心の底に響かなければ、効果はありません。

私が大切にしているこの行動理念は、部下への対処を間違えてしまったときの経験に基づいています。仮に、ここでは彼をボブと呼ぶことにしましょう。

ボブは善人で、一生懸命仕事をしているように見えました。ところが、次第にほかのメンバーから、彼は思いやりに欠け、ぶっきらぼうで、人としてよからぬ行動をとることがあるという報告を受けるようになりました。

私は情報を提供してくれたメンバーに「インプットをありがとう」と言ったきり、とくに何もしませんでした。ボブと私の関係は良好だったので、面と向かって言いにくいことを伝えることを避けていたのです。

それから数ヵ月後、ボブにある分析を頼んだところ、奇妙な結果が上がってきました。彼の数字は、私が彼のグループについて認識している状況と一致していなかったのです。ボブは、多少の食い違いや間違いについて、言い逃れをしました。説明を聞いたときは妥当な言い分だと思ったのですが、あとでよく考えてみると、辻褄が合わないことに気づきました。それなのに私は、総じてボブの仕事ぶりは及第点なので大した問題ではないと思い、看過してしまいました。話を切り出しにくいので、逃げてしまったのです。

それから数週間後、ボブがまたしても不可解な数字をもってきたので彼のデスクに行くと、彼が部下を怒鳴りつけている声が聞こえてきました。しかも、職場では不適切な言葉を使って。「彼が落ち着いたら、叱責の仕方を注意しなくては」と自分に言い聞かせながら、私はその場を後にしました。ところが、次に彼と話す機会があったとき、この話を持ち出すことなく終わってしまいました。タイミングが悪いと感じたのです。切り出すのがとても難しかったので、またしても私は逃げてしまいました。

翌月、ボブから「ベンチャー企業でとてもいい仕事が見つかったので、転職することにしました」と聞かされたとき、「なんてことだ！　チームの主要メンバーがいなくなって大打撃だ。後任だってそう簡単に見つかるはずがない」というのが、私の反応でした。ところが次の瞬間、こう思ったのです。「よかった！　辞めるなら、年度末の面談で気まずいことを言わなくてすむ」。

ボブが去って、誰もが喜びました。しかし、当時を振り返ると、腰が引けていた自分が恥ずかしいです。彼ときちんと向き合っていれば、仕事に求められる水準をきちんと設定することができたのです。それなのに私は、難しい話題を避け、彼の部下に対するひどい扱いを許してしまいました。極論すると、私が問題を回避したことで、私たちの事業自体をリスクにさらしたのです。

私個人に関して言うと、リーダーとしての力量と評価に傷がつきました。苦しい状況を訴えたのに、私が何もしなければ、ボブの部下たちは誰を頼ればいいのでしょう？　私の振る舞いはモラルの問題に発展し、一緒に仕事をしていた人たちに間違ったメッセージを送ってしまいました。

それから数日後、職場から帰宅途中に親しい友人と話したくなり、彼に電話をかけました。ボブが転職したことと、自分が早い段階で問題を解決しなかったのが悪いので反省していると言うと、私の話が終わるまでじっくりと耳を傾けてくれていた友人は、こう言いました。

「100ヤード手前での軌道修正は、100ヤード進んでしまったあとよりもラクだ」

頭をガツンとやられたような感じでした。心に響いたこの言葉を行動理念として使っています。友人と話したあとも、言いにくいことを相手に指摘しなければならない機会は幾度もありました。できれば避けたいという気持ちがムクムクと湧いてきたら、私は友人の言葉を思い出して、言うべきことをはっきりと、建設的な方向で、時機を逸することなく伝えるようにしています。

この行動理念を手にしてからは、会話の内容が「きわめて難しい」という状況になったことは、一度もありません。心に強く働きかける言葉のおかげで、私は行動に移すことができるのです。行動すると、自分を変えることができる。すると、ますますこの行動理念を使うようになる——。こうして、プラスの循環がつくられていきます。

あなたのもとで働く人たちが、学び、成長できるような課題を、折に触れて探すようにしましょう。相談に乗りながら指導することと、フィードバックを提供することは、彼らの成長のために欠かせない要素です。だからこそ、フィードバックを与える機会も、つねに探してほしいと思います。必ずしも、新たなチャレンジにつながるようなフィードバックである必要はありません。

厄介だからと言って後回しにせず、コンスタントに考える機会をもちましょう。日々の激務で、それどころではないと思うかもしれません。だからこそ、行動理念をつくりましょう。部下たちに成長の機会を与えることもリーダーの責務です。これを怠れば、あなたも、チームも、ひいては組織全体も、苦労することになります。

238頁のワークであなた自身の経験と部下にまつわることを総括したら、そこから浮かび上がってくる言葉やイメージ、ストーリーを探しましょう。それらがあなたの行動理念のベースになります。たとえば、ガーデニングが大好きな人は、植物を育てるときの喜びと、部下の手助けをするときに感じる喜びに共通点を見出すかもしれませんので、「庭の手入れをする」をキーワードにしてもいいでしょう。手間暇をかけて庭をつくるのと同じように部下を大切に育てると考えれば、彼らの力を伸ばしてあげたいと強く思うきっかけになるはずです。

どのような内容にせよ、ストーリーをシンプルで頭に浮かびやすい言葉に集約しましょう。数あるほかの行動理念とともに1枚の紙に収めなければならないのですから、長い文章にならないように気をつけてください。

■ 行動理念をつくるために次の質問に答えましょう。

① 社会人生活のなかで、あなたがもっとも成長したと感じられた経験は？ それが今、どのように役立っているでしょうか？

② これまでのキャリアで実力が発揮できなかった状況はありますか？ それを思い出すたびにどのような感情や光景が押し寄せてくるでしょうか？

③ 仕事でもプライベートでも、誰かに指南してもらい、成長したときのことを思い出してください。あなたが成功または失敗したときに指導者はどのように関わってくれましたか？

④ チームのメンバーがやる気を失っていたり、失敗したりしたときに、あなたは彼らを成功に導くために、どんな役割を演じて、どのような言葉をかけましたか？

■ 部下たちにフィードバックするための行動理念

Check

☑ あなたの行動理念の効力を測るセルフチェック

- □ この行動理念があれば、私はチームの成長と発展のために、失敗の可能性を計算に入れたリスクをとろうという気持ちになる。
- □ この行動理念を読むと、部下たちに前向きなチャレンジの場を与えることの大切さを、すぐに思い出すことができる。
- □ この行動理念を守っていれば、私は部下たちに対して、すでに彼らが完璧にこなせる仕事ばかり与えるようなことをしないですむ。
- □ この行動理念をチームと共有したら、私は彼らの能力開発に本気で取り組むつもりだということを、わかってもらえる。

第5章

バランスのとれた生活をリードする

ストレスを軽減するために、バランスのとれた生活の必要性を声高に訴えるものの、「バランス」の定義は曖昧で、まさにこれが問題です。私たちは働くことが好きで、上昇志向が強いので、バランスを保つことができません。自分たちが支えなければ、世界は崩壊してしまうと、堅く信じているのです。

つまり、私たちがバランスをとることができない大きな理由は、バランスそのものについての考察を怠っていることにあります。

人によって異なるバランス

ビジネスのスピードはますます加速し、定年まで働いて悠々自適に生活することは幻想になりました。「やらねばならないこと」に振り回されて、家族や友人との時間を犠牲にしなければなりません。すぐそばまで迫っている次の危機に対応できるように、つねに気を張っている状態です。こういうことがすべて、私たちを疲弊させます。

ストレスと疲労は、心身を蝕みます。下腹に肉がつき、血管が詰まり、体力が衰え、肌のつやがなくなり、体調を崩すことになります。そのせいで、私生活やキャリアでつまずいてしまうこともあります。燃え尽きてしまった人は、職場でも家庭でも役に立たず、友人からも煙たがられます。かつてはいきいきと輝いていたのに、世の中のプレッシャーに負けて、ヘトヘトに擦り切れてしまった……。そんな人のそばにいたい、一緒に働きたいなんて、誰も思ってくれません。

一般的な業績評価の基準に、バランスという項目はありませんが、バランスがいかに私たちの人生にとって——仕事とプライベートの両面において——大切なものであるか、自覚しておかなければなりません。

仕事か？　プライベートか？

バランスのとれた生活を手に入れるための第一歩は、仕事もプライベートも、どちらも釣り合いが保たれた状態にしておくべきだと自覚することです。「バランスのとれた生活」というと、遅くまで残業するのをやめ、週末も仕事をしないようにすることを指すと思いがちですが、これはあくまでも1つの側面にすぎません。好きなことを仕事にするというのも、忘れてはいけません。

仕事がぱっとしないのなら、人生もぱっとしません。家族や友人と過ごす時間よりも、普通は職場にいる時間のほうが長いのです。仕事を「バランスのとれた状態」にするためには、自分の仕事のどの部分にもっともやりがいを感じるのか、はっきりさせておきましょう。ここで定義することは、「やりがいを感じられる」「実力を発揮できている」という感覚と直結しています。

ワークバランスとは、好きな仕事と苦手だけど我慢してやる仕事とのあいだで、均衡が保たれていることを指します。たとえば、あなたはクリエイティブなことが好きで、経費の計算は大嫌いであれば、日々できるだけ多くの時間をクリエイティブな作業に割き、単調な経費の計算にも耐えられるようにしなければなりません。経費の計算にかかる比重が大きくなりすぎると、あなたのワークバランスは崩れてしまいます。もちろん、これは単純すぎる極端な例ではありますが、私が言わんとすることは、おわかりいただけたと思います。

仕事のバランスを保てるようになる行動理念をつくるためには、あなた自身だけでなく、上司、同僚、チーム全体にとって、許容できることとできないことをはっきりさせる必要があります。情熱をもって取り組める仕事を見つけることが、ワークバランスを達成する鍵なのです。この点については、孔子の教えが参考になるでしょう。

「好きなことを仕事に選べば、生涯働かなくてすむだろう」

これからつくっていく行動理念も、自分が心から好きな仕事をめざし、嫌いな仕事からは遠ざかるように、あなたに絶えずメッセージを送ってくれるようなものにしてください。仕事に向かっているときに、わくわくした気持ちとやりがいを感じる時間が圧倒的に多ければ、ワークバランスが達成できたと実感するはずです。1日があっという間に終わり、とても前向きなリズムで仕事をしていると感じるでしょう。好きなことがじゅうぶんにできているという状態が、充足感につながっているのです。

逆に、イライラするような仕事に1日の大半が費やされてしまうと、バランスが崩れていることを痛感します。やる気もエネルギーも湧かず、のろのろと時間が経過するように感じるでしょう。嫌々仕事に出かける日が増えていきます。もちろん、ほかにも要因（リストラ、うるさい上司、職場のゴタゴタなど）はあるでしょうが、このような不快な感情が1ヵ月以上続いた場合、バランスが失われていると考えるのが普通です。

私は、ある聡明な男性から教わった次の言葉を、座右の銘にしています。

「職場へ行きたくないと思う気持ちが1週間続いているのなら、きみは今週ツイてないのだろう。もし1ヵ月続いているのなら、今の仕事について考え直したほうがいい。2ヵ月続いているのなら、ほかのところに履歴書を送ったほうがいい。2ヵ月以上続いているのに、まだ何もしていないのなら、墓穴を掘ったということさ」

さいわいにも私は今のところ、墓を掘るシャベルに手をかけなくてすんでいます。これまでに何度も、さまざまな理由で職場を変えていますが、そのうちのいくつかは、やりがいのある仕事を任されていると思えなくなったことが、転職理由でした。ほかには、仕事にあまりにも多くの時間とエネルギーを奪われるため、会社を出たあとは気力が残っておらず、何もできないというのが原因だったこともあります。

いずれも厳しい決断でしたが、正しい選択でした。まさに私は今、好きなことを仕事にしていて、孔子の言葉にある「働かなくてすむ」を地で行っています。教えること、執筆、ビジネスの立案。どれをとっても私にとっての喜びです。もちろん、退屈な作業もこなさなければなりませんが、頭を使わない雑用に比べると、圧倒的に人と関わる仕事の比重が大きいので、私のワークバランスは保たれています。

バランスのとれた生活を送るためには、仕事を離れてプライベートを充実させることが大きな意味をもち、そのためには確実に休む時間を確保しなければならないことは、言うまでもありません。休みを取ること自体が簡単にはいかないと言う人もいるでしょう。しかし、そんなことをしているとあなたは燃え尽きて、抜け殻のようになってしまいます。仕事のしすぎは、人として健全に機能することを妨げる行為なので、自分で改善する道を模索しなければなりません。その解決策が行動理念をもつことです。

時間と労力をどこに割いているか

バランスのとれた生活を送るためには、物事を大局的にとらえることが大切です。ストレスが溜まっていると視野がどんどん狭くなり、物事の全体像を見失ってしまいます。ひいては、目の前の現実にばかり目を奪われていたために、長期的な視野を失ってしまった、ということにもつながります。

視野が狭くなると、機会を逸したり、問題を見逃したりしてしまいます。あるいは、自分が注力していることの意義や重要性を、正確に評価できなかったりします。また、物事を実態以上に膨らませてしまったり、判断を誤ったりすることがあります。その結果、緊急を要する問題が発生し、あなたはほかの大事な案件を犠牲にして対応に追われます。

たとえば、仮に私が設計した財務モデルに不備があって、悪い評価をもらったとします。私の頭の中はおそらく、このことでいっぱいになってしまうでしょう。今後のキャリアが危うくなると感じるかもしれません。自分を脅かすものに気をとられてしまうのは、人として自然なことです。きっと自分の仕事ぶりについてあれこれ考えて悩み、失敗の原因を探るうちにストレスを溜めていくでしょう。二度と悪い評価をもらいたくないので、必死に財務モデルの設計スキルを高めようとすると思います。オンライン講座に申し込み、何時間もパソコンに向かい続けてモデル設計の練習に励み、私にとってきわめて重要と思しきスキルを、どうしたらもっと磨くことができるか、講師にアドバイスを求めるでしょう。

私をここまで悩ませている問題に、過剰に意識を集中させてしまうと、ある可能性——そもそも財務モデルの設計は、私に向いている仕事とは限らない——に気づかないかもしれません。一方で、文章力とコミュニケーション力を認められていたのに、こちらの評価を見落としたかもしれません。もっとコミュニケーション力を発揮できて、チャレンジしがいがあるポジションに就いたほうがいいと励ましてくれた人もいたのに、聞く耳をもたなかったかもしれません。

バランスは、自分の時間とエネルギーをどこでどう使っているかを測る尺度です。この2つの貴重なリソースを自分の好きなことに注ぐのが理想的なのですが、大局観を失うと、深く悩む価値のないようなことに、時間とエネルギーを浪費しかねません。ほかにもっと大きな、もっと大切なことがあるのに、それらに使う時間は奪われていきます。

バランスを取り戻し、もっとやりがいのあることにエネルギーを注げるようにするためには、物事を大きくとらえ直す必要があります。大局観をすばやく取り戻せる方法がわかっていれば、自分が理想とするバランスをもっとラクに、それほどストレスを感じることなく、手に入れることができるでしょう。

人生を網羅するフィロソフィー

現実的な行動理念をもてば、あなたも自分の習慣や行動を改め、バランスを手にすることができます。ただしそこに書かれているルールは、すぐに役立つもので理解しやすく、実践しやすいこと、そしてあなたの心に強く働きかけるものであることが必須です。

ですから、つらい経験や強烈な思い出を遠ざけないでください。たんに「週末は仕事をしない」と謳うだけでは、あまりにも陳腐で、あなたの行動を変えるほどの力はありません。そんなものを読んでもスルーしてしまうか、自分はとても忙しいし、週末はちょっと仕事をするだけだから……と正当化してしまうでしょう。

「お父さんは野球の試合を見に来てくれなかった。ぼく、ホームランを打ったのに！」

こんな言葉だったら、話はまったく違います。仕事とプライベートの板ばさみに陥ったときの気持ちが、よみがえってくるのではないでしょうか。我が子の大切なイベントを逃したことで味わった心の痛みのほうが、まるで心に響かないありふれた誓いの文句よりも、ずっと効果があるはずです。

フィロソフィーは、仕事という一面だけではなく、あなたの人生を丸ごと網羅していなければなりません。いかなる状況にあっても、ぶれることなく筋の通ったリーダーシップを発揮できるようにすることが、この全体的なアプローチの狙いなのです。これによって、仕事とプライベート、あなた自身と周囲の関係、短期的視点と長期的視点というように、チェック・アンド・バランスを働かせることが可能になります。これらのどの分野でも一貫したリーダーシップを発揮できれば、周囲はあなたに安定感と頼もしさを感じるでしょう。バランスのとれた生活を送ることは、ナチュラルで安定感のあるスタイルの確立に欠かせない、非常に大きな要素です。さあ、早速考えはじめましょう！

他人との境界線をつくる

大切にしたいものと時間は、あなたが自分で守るしかありません。自分としても越えたくないし、他人にも踏み込んでほしくないと思う「一線」は、はっきりと設定しておく必要があります。仕事に使う時間、その内容（ほかの人の仕事も含めて）、あるいは職場のレイアウトなど、あなたにとって心地よい（ないしはその逆の）領域が存在するはずです。

他人がその一線を越えてしまった場合、そのことを直接本人に指摘しないかぎり、そもそもあなたがどこに線を引いているのか、相手は知る由もありません。自分の許容範囲が認識されていなければ、相手のペースに合わせるしかなくなります。そうなると、あなたが不満を募らせるケースのほうが、圧倒的に多くなるでしょう。だからこそ、境界線を決めておかなければならないのです。

土足で踏み込んでくる人たち

境界線をどこで引くかを考えるにあたって、過去の苦い経験（たとえば、職場で「相手につけこまれた！」と感じたときのエピソードなど）を思い出してみましょう。そのとき、どの領域が侵されてしまったのですか？　遅くまで残業するように言われた、家族のイベントを犠牲にしてしまった、自分のスキルに見合っていない、つまらない仕事をさせられたなど、どこかで「一線」を越えて（または越えられて）しまったからこそ、不快に感じたのではないでしょうか。

どこまでが自分の許容範囲なのかがわかれば、境界線を決めることができます。あなたがする（しない）仕事を決めたら、それらにかけられる時間の上限、それらの仕事をする時間帯や方法について、自分が納得できるところで線を引きましょう。あなたがやりがいを感じる仕事に集中できるようにするためです。

私自身は、チャレンジ精神をかき立てられる仕事が好きです。また、自分のやるべきこと、締め切り、優先順位は、自分で決めて管理したいです。もちろん、仕事をする相手と話し合い、了承してもらいますが、私としては自分でコントロールする余地が多いほうがありがたいのです。そんな私が、自分の行動理念を思い出すために使っているのが、次の言葉です。

「ぼくは帰ります。私の仕事をあなたがやっているので」

この背景にあるストーリーをご紹介しましょう。

ある役職に就いていたとき、私は自分のやるべき仕事を大きなホワイトボードに書いていました。一目ですべてを把握できるので、私にとっては有効なやり方でした。

ある日、上司が私のオフィスを訪ねてきたのですが、ホワイトボードには目もくれず、私に向かって「あれをやれ、これもやれ」と言いはじめました。彼が口にした案件や分析課題は、すでにホワイトボードに書かれていることばかりだったので、私は何度か彼の話を遮って、それらの案件はすでに動き出していることを説明しようとしたのですが、あまりにも滔々《とうとう》と彼が話し続けるので、うまく口をはさめませんでした。

細かいことにまでいちいち口を出されて頭にきた私は、「今ここで、はっきりと言っておかねば」と思いました。しかし、取り乱さずに落ち着き払った所作でブリーフケースを机の上に置くと、その中にノートパソコンをしまい、デスクの灯りを消しました。

「おい、きみはいったい何をしているんだ？」
「ぼくは帰ります。私の仕事をあなたがやっているので、これ以上いる必要はないでしょう」

私にこう言われ、上司は困惑した表情を浮かべたので、ホワイトボードを見てほしいと言いました。私に指示しようとしていた案件は、見てのとおり、すでにどれも順調に進んでいるし、私は自分がやるべきことと、自分のチームの優先順位については、自分で管理するほうがやりやすいのだと説明しました。私は組織を自分で動かすことにやりがいと楽しさを見出しているのだということを、わかってもらいたかったのです。自分の裁量をじゅうぶんに発揮できるかどうかが、私の満足度を大きく左右することを、上司も理解してくれました。

こんなふうに主張するのはリスクが高いです。その後のキャリアの足かせになっていたかもしれません。自分の境界線や役割、自分流のスタイルを示すやり方としては、少々手荒いものであったことも事実です。さいわいなことに、上司とは良好な関係を築いていたので、私の言わんとすることは理解してもらえました。細かい口出しをして悪かったと謝られたので、私も非礼を詫びました。このやりとりのあと、上司は私が自分の裁量できる余地を大幅に増やしてくれましたし、私の仕事におけるバランスは、私が望むかたちに近づいたのです。

仕事に対する満足度を測るとき、私は自分がどれだけ能力を発揮できるかを尺度にしています。他人から細かく口出しされるのが苦手なので、これを防ぐための1つの方法として、自分の職務と許容範囲を明確にし、それを相手にも了承してもらっています。話を切り出すきっかけとして、「ぼくは帰ります。私の仕事をあなたがやっているので」という言葉とその背景にある体験を共有すると、シンプルですが、効果があります。

プライベートをバランスのとれた状態にすることも同じくらい大切ですが、仕事が大好きな人にとって、これはかなり難しい課題です。自覚せずに、あなたはすべての時間を仕事に注いでいないでしょうか？　単純でも強制力のある境界線と習慣をつくれば、仕事とそれ以外の時間を釣り合いのとれた状態に保てます。そして時間だけではなく、エネルギーについても、仕事とプライベートのあいだで均衡が保たれている状態をめざさなければなりません。

職場にいる時間を制限するために、猛スピードで仕事を片づけようとすると、エネルギーが吸い取られてしまい、オフィスを出たあとの時間を楽しむ余力を残すことができません。こういうアプローチは、「バランスがとれている状態をめざす」という目的そのものを否定しています。

「オフィスを離れているとき、私は仕事をしているときと同じくらい、あるいはそれ以上に、うまくやれているだろうか？」

この視点はまさしく、バランスというものの本質を突いています。

私の起業家仲間に、ワークライフバランスの「ワーク」の部分で悩んでいた人がいます。彼は当時、とてもおもしろい新規ビジネスを軌道に乗せるために、文字どおり全エネルギーを投入していました。何もかもがエキサイティングで、仕事が楽しくて仕方がなかったのでしょう。ランチを一緒にしたとき、いかにすばらしいことが起きているか、私を相手にノンストップで喋り続けました。

ところが家庭での様子を聞くと、声のトーンが下がり、夜自宅に戻るころには疲れきっていて、息子に寂しい思いをさせていると言うのです。起業して以来、あまりよく眠れなくなってしまい、運動不足で体重も7キログラム近く増えたそうです。とてもハッピーな状態とは言えない家庭での様子を詳しく語り終えると、「仕事と家庭のあいだのバランスを改善したいけど、どうすればいいのかわからない」と打ち明けてくれました。

会社員時代にはこうした問題で悩んだことはなく、夕方以降は家族のためにちゃんと時間を確保できていたし、朝は出勤前にジムで汗を流していたそうです。会社での仕事がとくに楽しかったわけではないものの、睡眠はじゅうぶんにとれていたし、概ね良好だった、と言っていました。

起業してから何が変わったのか、と聞いてみました。すると、仕事に対する満足度は飛躍的に上がったものの、予想外のことが色々と起きるのでスケジュールを立てにくく、ルーティーンを確立するのが難しいと感じているようでした。ビジネスを成功させられるかどうかは、自分1人にかかっているので、目の前のことをすべてやらなくてはならないというプレッシャーを強く感じている、とも話していました。自分を奮い立たせてすべてのプロジェクトをこなさなければ失敗してしまうと、思い込んでいるようでした。

「午後6時になったら、いっさい仕事はしない。そうしたら、どうなると思う？」

「その分、翌日にやることになるだろうけど、いつだって次の日にもやるべきことが山積しているから、それが問題だよ」

「これからしばらく、試しに毎晩7時にパソコンの電源を切ってみたらどうだい？何週間かしたら、またコーヒーでも飲みながら成果について話し合おう。いいかい、これを守るように自分に言い聞かせるんだよ。それから、運動も再開しよう。トレーニングが終わるまでパソコンを開かないようにするんだ」

そんなのクレイジーだ、と言いたげな表情で、彼は私の顔をまじまじと見ていましたが、最後は折れて、しぶしぶ承知しました。それから1ヵ月くらい経ったころ、また2人で会うことになりました。

「少なくとも、家族と過ごす時間をもてるようになったよ。運動を再開したから、体調もよくなった。数週間で何キログラムか痩せたよ。前の日の晩にやり残した仕事のことを考えると、最初はパニックに陥ったけど、何だかものすごく奇妙なことに気づいたんだ。それまで夜にやっていた仕事を翌日にやるかというと、どうもそうじゃないんだよね。不思議なことに、できなくたって、どうってことないんだ。依然として、それらのプロジェクトは『やるべきことのリスト』には残っているけど、完了していないからリストに残っているわけじゃない。そこはまったく関係がないんだよ」

午後7時に仕事から離れるというルールを自分に課したので、彼は物事に優先順位をつけることを余儀なくされたわけですが、それはいったいどういうことなのでしょうか？

以前の彼は、時間に縛られていなかったので、どの仕事を片づけなくてはならないのか、決めておく必要はありませんでした。むしろ、「今日は何時に終わりにしようか」というふうに決めていたのです。ところが、スケジュールを固定してそれを厳密に守ろうとしたことで、最重要課題を真っ先に片づけるようになったのです。優先度の低い仕事は、自動的に「やるべきリスト」の最下部に仕分けられました。家族との団らんと運動がストレスの軽減につながり、よく眠れるようになりました。睡眠時間が増えたことで、日中の仕事がはかどるようになり、規則正しいリズムができたそうです。

そこで、私は彼にさらなる課題を与えました。

「きみの成果を聞くことができて嬉しいけど、今後もこのスケジュールを守っていくには、どうしたらいいと思う?」

私は、行動理念をもつというアプローチを紹介しました。「仕事場を離れる」ということと結びつく、何か楽しいイメージが浮かぶかどうか聞いてみたところ、彼は迷わずに「原始家族フリントストーン!」と答えました。

なぜそのアニメのキャラクターなのか、仕事場を離れることとどういう関係があるのか、私にはさっぱり見当がつきませんでした。

「『原始家族フリントストーン』が、ぼくの子ども時代のお気に入りのアニメだったんだけど、オープニングシーンで、お父さんのフレッドは終業を知らせる笛が鳴ると、〝会社〟から一目散に自宅へ帰る。その様子がとにかく楽しそうなんだ。このアニメを思い出すと、つい笑顔になっちゃうんだよね。だからどういうわけか、きみにこの質問をされて最初に頭に浮かんだのは、フレッドが終業の笛で会社から飛び出す絵だった」

自分はこの仕事はやるけれど、これはやらない。職場で過ごす時間はこれくらいで、プライベートに使う時間はこれくらい——。

快適なワークライフバランスを保つためには、このように領域を決め、そこで明確に線を引く必要があります。こうした境界線をつくっておけば、ストレスの多い状況に置かれてもバランスを崩すことはなく、とても心強いです。

まず、ワークバランスを決めておきましょう。262頁のワークをおこなううちに、具体的なストーリーが浮かんできたり、一定のパターンが見えてきたりすると思います。その中から、ワークバランスに関するものと、ライフバランスに関するものを、1つずつ選んでください。たとえば、遅れを取り戻すために土曜日に仕事をしてしまい、息子の1歳の誕生日会に参加できなかったという苦い思い出があるならば、「ウィリアムの最初の誕生日」のようなものが、あなたにワークライフバランスを思い出させるフックになるでしょう。思い出した瞬間に、そのときの様子が鮮やかによみがえってくるような、そんな場面を思い描いてください。その2つの場面からエッセンスを抽出し、あなたの頭の中で即座にストーリーが再現されるようなインパクトのあるフレーズで表現しましょう。

ワークバランスに関する行動理念は、あなたにのしかかる仕事のプレッシャーをはねのけてくれるものでなければいけません。時には、あまりおもしろくない仕事を頼まれることもあるでしょう。しかしこれがあれば、それを丸ごと引き受けるのではなく、おもしろい仕事とそうでない仕事のほどよいバランスを保てるように、相手に押し返すことができるはずです。

ライフバランスに関する行動理念は、あなたの心に強く働きかけ、無理矢理にでもパソコンを閉じて家路につかせるだけの力をもっていなければなりません。

■ 行動理念をつくるために次の質問に答えましょう。

① あなたが幸せややりがいを感じるのは、どんな仕事ですか？

② 日々のルーティーンからぜひ除外したいと思っている業務はどれですか？

③ 自分の仕事に対して、「どんなことがあっても守りたい」と強く思っていることは何ですか？（たとえば、柔軟なところ、または逆に変化が少なくて予定が立てやすいこと、さまざまな解釈が可能であること、シンプルなところ、あるいは複雑なことなど）

④ あなたがもっとも効率よく働けるのは、どのような環境ですか？

⑤ 自分の仕事のなかで、「ここはぜひ外してしまいたい」と強く思っていることは何ですか？（たとえば、どうなるかわからない部分が多くて予定を立てられないこと、複雑であること、矛盾する要求に対応しなければならないことなど）

⑥ 効率よく働けない、あるいは居心地が悪いと思うのは、どのような環境ですか？

⑦ 同僚や上司、チームの仲間には、自分とどう接してほしいと思っていますか？ また、彼らにしてほしくないことは何ですか？ あなたのイライラの原因になるのは、彼らのどのような行為ですか？

⑧ あなたの身近に、大好きな仕事とそうではない仕事のあいだで絶妙なバランスを維持している人はいますか？ その人は、どうやってそのバランスを保っているのでしょうか？

⑨ かつては、あなたも適度なワークライフバランスを保つことができていましたか？ そのときは、どのような状況だったのでしょうか？

■ 今度は、どうやってライフバランスを手に入れるかを考えていきましょう。次の質問に対する答えを探してください。

① 健康、時間、家族、お金など、あなたの生活のなかでバランスを欠いている部分はどこですか？

② 反対に、とてもうまくバランスがとれている部分はどこですか？

③ うまくバランスを保つために、自分なりの工夫をしていますか？　それはどのようなことですか？　そうした工夫がさらに必要なのは、あなたの生活のどの部分ですか？

④ これまでに、プライベートよりも仕事を優先した結果、後悔したことがありますか？

⑤ 反対に、仕事よりもプライベートを優先した結果、充実感と幸せを手に入れたという経験はありますか？

⑥ あなたの知り合いに、「仕事一筋でプライベートはゼロ」という人はいますか？その人のようにならないためには、どうしたらいいでしょうか？

■ ワークライフバランスを取り戻す行動理念

Check

☑ あなたの行動理念の効力を測るセルフチェック

- □ やりたくない仕事のほうが好きな仕事よりも比重が大きくなっている場合、行動理念を思い出せば、バランスを正そうという気持ちになれる。
- □ 行動理念を上司や同僚と共有したら、私が職場で守ろうとしている境界線をすぐに理解してもらえる。
- □ 大量に仕事を抱えているときでも、私を職場のデスクから引き離してくれる。
- □ ライフバランスに関するフレーズと、その背後にあるストーリーを思い出せば、自分の生活スタイルを正すために、もっと明確で強制力のある境界線を引くことができる。
- □ ストーリーに共感できれば、上司や同僚は私がライフバランスを保つために決めたことを受け入れ、サポートしてくれる。

大局観はつねに失われる

我が身に起こる出来事を、私たちは大げさにとらえがちです。なんでもかんでも重要で熟慮を要することにしてしまい、些細なことが実体よりも膨らんで、ほんとうに大事なことよりも優先度が高くなる——。

真面目に考えすぎると、大局観を失います。全体像が見えなくなると、ストレスが溜まります。ストレスが私たちの健康に与えるダメージは深刻で、究極的には寿命を縮めてしまいます。

身体が疲弊していると、視野が極端に狭くなるので、自分を脅かす存在のことばかりが気になって、それ以外のことが見えなくなります。先史時代の原始人は、森から虎が近づいてくる様子を見ると、その脅威から逃れることだけに意識を集中させ、それ以外のことはいっさい考えませんでした。防衛本能は確かに原始人にとっては有益でしたが、そもそも私たちの職場には、爪を立ててうろつく虎は滅多に出没しませんから……。たとえば、あなたはブランドマネージャーで、会社のウェブサイト担当だとしましょう。何らかのエラーを発見すると、あなたは何百万人という消費者がそれに気づいてブランドの信頼が低下するかもしれない、ひいては売上のロスになり、それが株価の低下につながり、あなたの年金プランが破たんしてしまうかもしれない、などと思い詰めるのではないでしょうか。そうなったら、大変です。あなたは一生働き続けないといけません！

視野を広げてくれるリマインダー

ストレスが溜まっていると、些細なことでも「危機」と見なし、こんなふうに短絡的に考えがちです。アドレナリンの分泌が高まると、思考が暴走しはじめ、想像がたくましくなって最悪のシナリオまで想定してしまうのです。こうならないようにするためには、一歩引いて大局観を取り戻すための行動理念と、それを思い出させてくれるリマインダーが必要です。

私もこれまで幾度となく、仕事で大きな負荷のかかる立場に置かれたことがあります。しかも、私は猪突猛進型なので、そうした状況では結果を出そうと張りきって、大局観を失いやすいのです。さいわいにも、行動理念を思い出したので、あやうくバランスを失いかけていたところで物事の本質に立ち返り、地に足をつけることができました。それを部下や同僚に対しても使い、彼らが焦点を見失わないように助けたこともあります。

私を救ってくれた言葉で、大局観をもつという行動理念を思い出させてくれるものの1つは、これです。

「バーガーキングは人材を募集しているよ」

かつて仕えた上司に、ぶれることなくどっしりと構える人がいました。私は当時、どこの組織にもあるちょっとしたゴタゴタでストレスを抱えていたので、ある日彼の執務室へ行き、その愚痴をこぼしはじめました。私が不満をぶちまけるのを黙って聞いたあと、上司は私の目をじっと見ながらこう言ったのです。

「バーガーキングは人材を募集しているよ」

上司の意図がわからなくて目をぱちくりさせていると、こう説明してくれました。

「きみがフラストレーションを募らせている気持ちは、私にもわかるよ。でも、うちの会社が嫌なら、よそで仕事を探したほうがいい。一日じゅうパテを焼いてひっくり返す仕事なら、あまりイライラしないんじゃないか？　さて、どうだろう。きみがさっきから愚痴をこぼしている問題は、仕事を辞めるのに値するようなことかい？」

目から鱗でした。発想を変えてみると、さほど大きな問題ではないように思えてきました。少なくとも、それが理由で仕事を辞める必要はありません。大局観を取り戻した私は、もっと合理的なアプローチで問題の解決にあたることができました。

このとき以来、私だけでなく私のチームも、「バーガーキングは人材を募集しているよ」に助けられてきました。

2つ目は、最悪と言えるような1週間を送っていたとき、私を救ってくれました。あまりにも忙しくて、金曜日の昼ごろには身も心も疲弊しきっていたので、ランチはいつものように自分の席で食べず、外へ出ました。バーガーキングに入ると、注文カウンターに紙の王冠（バーガーキングのシンボル）が積んであったので、私は1つ手に取り、自分の頭の大きさに合わせてかぶりました。店内にいたほかの客はちらっと私を見ると、また何事もなかったように食べはじめました。

頭に王冠を巻いたままオフィスへ戻り、自分は「マイク王」だと宣言すると、同僚たちはいぶかしげな表情を浮かべました。面食らう人もいれば、大笑いする人もいて反応はまちまちでしたが、概ね私の行動にユーモアを感じてくれて、重たい1日が少し軽くなったように思ったようでした。午後の会議も、王冠をかぶったまま出席しました。私は議論に積極的に参加し、プロジェクトに関する提案もしました。出席者のなかには、王冠をかぶった私が高度な分析の話に加わっているのは目障りだと感じた人もいたようです。まあ、ギャップが激しいので無理もありません。

会議のあと、同僚に声をかけられました。

「なんでそんなものをかぶっているんだ？　誰かと賭けをして負けたのかい？」

私はニヤリと笑いながら、こう答えました。

「ぼくがかぶっている理由がわからなければ、また同じ質問を繰り返すだろうけど、やはりきみにはわからないだろうね。残念だけど」彼は首を左右に振ると、立ち去りました。ほかの人たちには通じたようで、彼らは大笑いしていました。私が少しおふざけを職場に持ち込んでクレイジーな1週間のストレスを発散しているのを見て、自分たちもそうすればいいのだと気づいたのです。

その日は最後まで王冠をかぶっていました。たまに王冠を引っ張り出してきてかぶると、いつも気持ちが軽くなるので、そのあとも何回かやりました。今でも**バーガーキングの王冠**を見るたびに愉快な思い出がよみがえり、笑顔になります。この思い出は、精神面の効果だけでなく、物理的に不安を取り除いてくれるのです。

そしてもう1つ、これまで頼りにしてきたフレーズがあります。

「たかが、＿＿＿＿＿じゃないか」

空欄には、その時々でストレスの原因になっていたことが入ります。同僚のリンから教わりました。

リンのチームにはケビンというメンバーがいて、彼がコールセンターに新しい分析モデルを導入しました。導入後の指標を追っていると、ケビンはこのモデルがうまく働いていないことに気づきました。観察を続ければ続けるほど、状況は悪くなっていったので、ケビンはますます不安で神経質になり、とうとうこのモデルを撤回し、導入前の古いバージョンに戻さなければダメだという結論に至りました。すぐさまリンの執務室へ駆けつけ、状況が悪いことを彼女に伝え、至急ＩＴ部門にサポートを頼んで変更をおこなってほしいと訴えました。

ケビンがあまりにも性急にまくしたてるので、リンは彼の顔の前に手をかざして、「たかが、クレジットカードじゃないの」と言ったそうです。

ケビン、うまくいかなかったことは事実だけど、正気を失いかけるほどのことじゃないわ。だって、私たちが扱っているのは、たかがクレジットカードなのよ。脳の手術をする執刀医でもなければ、月から帰還する宇宙飛行士でもないし、世界の飢餓撲滅に取り組んでいるわけでもないの。今すぐにどうにかしなくたって、誰も死んだりしないんだから、まずは深呼吸して落ち着いてから、対応を考えてちょうだい。あなたがパニックに陥ると、チーム全体がパニックに陥る。そうなると、ミスが発生するでしょう？　すでにミスをしてしまったんだから、さらに問題を悪化させるわけにはいかないじゃない。さあ、私と一緒に声に出して言ってみて。「たかが、クレジットカードじゃないか」って。

ケビンが冷静さを取り戻せたのがリンの講釈のおかげだったのかどうかは別として、彼女の努力は報われました。彼は落ち着いて問題に対応しました。

2人のやりとりを見ていた私は、「たかが、　　　　　じゃないか」を何度も拝借して、自分や自分のチームが冷静さを取り戻すために使ってきました。「たかが、肥料じゃないか」「たかが、税金じゃないか」「たかが、65000語の原稿じゃないか」など、例を挙げたらきりがありません。これを使うたびに、気持ちが入り込みすぎて近視眼に陥っていた問題から一歩引いて、クリアな頭と冷静な振る舞いで問題に再び立ち向かうことができました。

ほかの人の例もご紹介しましょう。ある金融機関でディレクターを務める中華系アメリカ人のダンの行動理念は、とてもシンプルです。

「落ち着いて」

私はアメリカ人なのに、よく人から「太極拳やカンフーをやるの？」と聞かれるんです。それで、「フィラデルフィアのど真ん中で育ったんですけど」と答えると、相手の反応がおかしくて、つい笑っちゃうんですよね。

このように、私はイラッとするような状況でも落ち着いていられるので、それが周囲にもよい影響を与えています。周囲をリラックスさせることができると、自分もチームも大局観を失わずにいられます。ですから、私の行動理念は「落ち着いて」なのです。たった一言ですが、これを思い出すと、一息ついてから集中し、行動に移すことができるのです。

すぐに冷静になれる能力は、ストレスから身を守るための強力な武器です。では、あなた自身もバランスを取り戻すきっかけを見つけるために、276頁のワークに取り組んでみてください。かつて大きなストレスを抱えていたときのことを思い出すうちに、自分が必要以上に大げさに考えていたことに気づくと思います。

その答えの中から、あなたが大局観を失わないようにリマインドしてくれるものを探しましょう。たとえば、失業の経験が史上最悪の出来事なら、「職を失うことに比べたら、大したことじゃない」が行動理念になるかもしれません。知り合いのなかに、嵐の到来を察知しても落ち着き払っている人がいるなら、その人が使ったパワフルな言葉を、そのままあなたの行動理念として使ってもいいでしょう。とにかく、ストレスフルな状況から一歩引いて冷静な頭で考えて対応できるようにしてくれるものを見つけるのです。

目の前のことで頭がいっぱいになると仕事の質が低下し、負の連鎖が起こります。さらに悪いことに、あなたのストレスは周囲にも伝染します。そんなとき、ストレスの原因になっていることから少し離れて、バランスを取り戻すように仕向けてくれる行動理念があれば、ストレスフルな状況下でもうまく対処できると同時に、周囲の人たちを落ち着かせることができるでしょう。冷静さと大局観を取り戻すと、ストレスをあまり感じなくなり、明るい気持ちになれるはずです。

■ 行動理念をつくるために次の質問に答えましょう。

① あなたがイライラしているときに、誰かが落ち着かせてくれたという経験はありますか？　その人は、どうやってあなたをリラックスさせてくれましたか？

② あなたにとって史上最悪の出来事は何ですか？　そのときの悲惨な経験と、別の状況で味わったストレスを比較して考えることはできましたか？

③ 危機に直面しても周囲の人たちが冷静になるようにするために、どんなことを心がけていますか？

④ 自分を取り戻すために、どんなことをしますか？（たとえば、深呼吸する、身体を動かす、瞑想するなど）

⑤ あなたの知り合いのなかに、混沌とした状況下でも不思議なくらい平然としていられる人はいますか？　その人が平静を保つためにしていることは何ですか？

⑥ 逆に、ストレスにさらされるとパニックに陥る人はいますか？　その人の振る舞いで絶対に真似したくないと思うことは何ですか？

■ 冷静さを取り戻すための行動理念

Check

☑ あなたの行動理念の効力を測るセルフチェック

- □ ストレスフルな状況に置かれているときにこれを思い出したら、慌てずにいられる。
- □ よからぬことが起きたときにこれを思い出したら、落ち着いて客観的に状況を見極められる。
- □ これがあれば、事態を必要以上に深刻にとらえることを防げる。自分が置かれている状況を明るく考え、むしろ楽しむくらいの余裕をもてる。
- □ これがあれば、「大ごとに見えること」と、「ほんとうに大事なこと」の違いを見分けられる。

働き盛りは仕事だけでいいのか？

天職を見つけると水を得た魚のように活躍できるので、自分でもそのことにすっかり満足してしまい、ついつい仕事にのめりこんでしまうものです。一方で、家族や友人など、あなたと一緒に過ごしたいと思っている人たちの存在を忘れがちです。

仕事以外にも、情熱を傾けるのに価するものがあるはずです。そういう楽しいことにも打ち込めると、自分の軸をしっかりと保つことができますし、人生が豊かになります。

職場から無理矢理にでも自分を引き離す術をもたないかぎり、「今週末は仕事をしなくてもよさそうだから、○○をやろう」とか、「それは定年後の楽しみにとっておこう」とか、「いつかやろう」という先送りの発想から抜け出すことはできません。

私のブログのある読者が、パワフルな行動理念を共有してくれました。

「1週間のなかに、『いつか』という日はない」

いつもこんなふうに考えることができたら、おのずと日々の行動が変わってくるのではないでしょうか。

私の曽祖父は、豊かな人生を送るように心がけるために、ある名言を自分の行動理念として採り入れていました。

「死んだあとの時間のほうが長いのだから、今のうちに人生を楽しもう」

オリジナルではありませんでしたが、曽祖父がよく口にしていた言葉で、家族のなかで代々受け継がれてきました。

実際にどのようなフレーズで表現するかは別として、いちばん大事なのは、「人生にはバランスが必要だ」ということを頭に置いておくことです。

仕事一辺倒で過ごさないために

「釣りでツキがなかった1日のほうが、仕事がうまくいった1日よりもいい日なんだ」

ずいぶん昔、誰かの車のバンパーに貼ってあるステッカーに書いてあった言葉です。とても感銘を受けました。職場以外でも生活を楽しまなければならない。そう私に思い起こさせてくれます。

私は釣りが大好きですが、うまく釣れるかどうかは問題ではありません。自然に囲まれて水の上で過ごすことが好きなのです。釣りに出かけると、仕事のストレスを忘れることができて、職場から離れることの大切さを実感します。
じつは、平日にもこの行動理念に従って釣りをしたことがあります。

ある職場で、個人面談やら会議やらメールの返信やらに追われる日々が続いていたときのことでした。金曜日の午後には、限界に近づいていました。外は春らしい陽気で、自分の仕事も片づいていたので、一息つくには絶好のタイミングでしたし、車に釣り竿を積んであったことも思い出しました。

先の言葉が頭に浮かんできて、私は釣り道具一式を抱え、オフィスの敷地内にある池に行って釣りをはじめました。同僚たちが働いているビルに囲まれた場所で、午後の日差しとそよ風を浴びながら、少なくとも2時間は我を忘れて釣りをしていたと思います。

ふとオフィスの建物のほうを見ると、何人もの同僚たちが窓辺で怪しげな表情を浮かべて、私を見下ろしていました。

道具を片づけて中へ入ったとき、ある人から「頭がおかしくなったのか？　クビになるぞ」と言われました。

「どうして？」

「釣りをしていただろう。まだ金曜の午後じゃないか！」

「別にいいじゃないか。やるべきことは片づけたし、どの仕事もスケジュールより早く進んでいるんだ」

「きみはどうかしているね」

「そうかい？　じゃあ聞くけど、晴天の空の下で釣りを楽しんでエネルギーを充電していたぼくと、オフィスでメールの返信と表計算に追われていたきみとでは、どっちがクレイジーだと思う？」


彼からの返事はありませんでした。ところがこのあと、早めに仕事を切り上げて帰る人が続出したのです。子どもと遊ぶ、友人と出かける、ジムへ行くなど、目的はさまざまでした。私の行動理念は、私自身だけでなく、周囲の人たちにも影響を与えたのです。

それ以来、この行動理念に従う努力をすればするほど、よい結果がついてくるようになりました。釣りが好きな理由はもう1つあって、息子と一緒に出かけることによって、たくさんの思い出をつくれることです。近所の池、コロラド、ハワイ、マイアミ――。稚魚から大魚まで、竿に魚がかかったときの息子の笑顔を、一つひとつ鮮明に思い出せます。

一緒に過ごす時間がたくさんあるおかげで、私たちの絆も深まりました。

息子が4歳のときから一緒に釣りに出かけています。こうして2人で過ごすあいだに、私の行動理念を伝授してきたので、大きくなったら息子にも自分なりの行動理念をつくってもらいたいです。そして、できればそのなかに、釣りに出かけるときの車中で交わす、次の言葉も入れてほしいと思っています。

私「どうしてぼくらは釣りに行くのかな？」

息子「釣りをするためだよ！」

私「もし魚が釣れたら？」

息子「それはラッキーなおまけだね！」

息子には、私よりも上手に余暇を楽しめる人間になってほしいという願いが込められています。大人になってもこのメンタリティをもち続け、仕事と生活のバランスをとれるようになってほしいです。

私は長いこと、休暇をとって家族との時間を確保することがうまくできていませんでした。仕事を優先してしまったときの言い訳は、今思えばどれも取るに足らない、くだらないものばかりです。

バランスを追求するようになってからは先の行動理念が頼りになり、私のライフスタイルはよい方向に変わっていきました。釣りはあくまでも休暇の一部であり、休暇をとる口実にすぎません。釣りの先にあるもの――愛する人たちと過ごす時間――こそが、私が真に情熱を注ぎたいことなのです。この行動理念があるおかげで、自分が一生懸命働くことの意味を忘れずにいることができます。家族と素敵な時間を過ごすためのお金とスケジュールを確保するために、私は日々汗水たらして働いているのです。

金融サービスの会社でバイスプレジデントを務めるビクターの行動理念は、「仕事をすればアドレナリンが買える」です。彼はキャリアで大成功して高収入を得ていますが、その努力はすべて「アドレナリン」に向けられているそうです。ビクターは、スカイダイビング、ロッククライミング、ラフティング、スキー、サーフィンなど、スリル満点のスポーツが大好きなのです。

続けるにはお金がかかりますが、こうしたアドレナリン系のアクティビティをやっているときが、ビクターはもっとも自分が「生きている」と実感できるそうです。つまりビクターは、アドレナリンが分泌される瞬間を味わうために仕事をするのです。

「ハワイでサーフィン、コロラドでスキー。どちらも高いので、たくさんお金を稼げるように頑張っています。でも、お金は目的を叶える手段にすぎません。目的は、クレイジーなアウトドアスポーツをやってアドレナリンがほとばしる瞬間を味わい、楽しい旅行で思い出をつくることなのです」

仕事は目的を叶えるための手段だということを教えてくれるのが、すぐれた行動理念です。仕事と好きなことのあいだでバランスをとるためには、自分の時間とエネルギーをどこにどうやって振り分ければよいか、うまく判断できるようになります。

本項の作業は簡単そうで意外に難しいのです。自分の趣味や余暇についてはすぐに思いつくので、材料自体は揃うのですが、長年続けてきた悪習慣を断ち切り、行動の変化を促すように心に強く訴えるパワフルな行動理念へと仕上げる作業は、なかなか骨が折れます。

これからあなたも自分の行動理念をつくっていきます。どんなことでもいいので、自分が働く理由を思い出させてくれるものを、探しましょう。

遠い将来、孫と会話しているときに、大切な思い出は何かと聞かれて答えている場面を想像してみてください。おそらく、表計算や会議やプレゼンテーション、と答えてはいないですよね？　仕事以外で楽しい思い出がよみがえる経験を探しましょう。あるいは、プライベートよりも仕事を優先した結果、ひどく後悔したときのことを考えてください。

頭の中の準備が整ってきたところで、ワークの質問に答えてください。質問に答えたら、あなたが何のために仕事をするのかを思い出させてくれるイメージや言葉を探しましょう。あなたに行動を変えさせる力をもつものを選んだら、そこから核となるエッセンスを取り出して、あなたの人生にとって大切なことを思い出させてくれる行動理念をつくります。

たとえば、あなたは旅行が生きがいで、稼いだお金はすべて旅費に充てているとしたら、これまでで最高だと思える旅や、いちばん行ってみたい場所の写真などが、行動理念になるでしょう。それらの写真は、あなたが心を躍らせるものを思い出させてくれて、その情熱を満たす決断ができるように導いてくれます。

■ 行動理念をつくるために次の質問に答えましょう。

① 自分の時間をすべて好きなように使えるとしたら、何をしたいですか？

② お金には困らないので働く必要がなくなったら、どのようにして過ごしますか？

③ これまでに、「プライベートが第一、仕事はその次」という判断をして、とてもよい結果が得られたことはありますか？

④ 反対に、仕事を理由にプライベートの大事な用事を欠席してひどく後悔したことはありますか？

⑤ 仕事とプライベートのどちらかを選択しなければならない場合、その決断の決め手になることは何ですか？

■ 人生にバランスをもたらす行動理念

Check

☑ あなたの行動理念の効力を測るセルフチェック

- □ この行動理念があれば、仕事とプライベートのあいだで難しい選択を迫られても、すぐに結論を出せる。
- □ 仕事から離れ、ほかの大切なことにもエネルギーを使うように、私を動かしてくれる。
- □ この行動理念をチームや同僚に説明したら、私がどのようにして仕事とプライベートを分けているか、理解してくれる。私が両者のあいだに引いている境界線を尊重してくれる。
- □ この行動理念に従っていけば、自分の選択は正しかったと納得することができて、後悔はしない。

おめでとうございます！　これで、すべての作業が完成しました。ここまで真摯に取り組んできた方は、パワフルな行動理念を手にしていると思います。行動理念はこれから先、何度も見直されて、そのたびに進化していきます。

行動理念をつくるという作業を通じて、リーダーとしての自分を理解するためには、いかにリーダーシップの4側面——自分自身、アイデア、周囲の人々、バランスのとれた生活——が互いに影響し合っているか、ご理解いただけたと思います。この4つをフィロソフィーの柱に据えたことによって、あなたは人生のあらゆる側面をカバーし、そのすべてにおいて一貫性を保ちながら、リーダーシップを発揮することができるようになります。

首尾一貫していると、わかりにくさや非生産的な要素が入り込む隙はありません。

リーダーとしての行動理念に個人的なストーリーを織り交ぜることによって、「ありのままの自分」にぐっと近づきました。周囲の人たちに対して、陳腐な言葉で飾り立てるのではなく、ほんとうのあなたの姿を示すことができます。

行動理念を共有することによって、あなたの考えが透明で明確になるので、チームのメンバーとのあいだにあった混乱や誤解が取り除かれて、絆が深まるでしょう。つねにリーダーとして「こうありたい自分」でいられるように、あなたの行動を目的が明確になっている方向へと、導いてくれるはずです。

第6章

「強み」を発揮するために

たった1枚の紙で自分を定義するなんて、難しくてできないと思ったのではありませんか？　でも、見事にやり遂げましたね。しかも、シンプルな言葉で書くことができました。フィロソフィーは、複雑である必要はないのです。

苦労したのはむしろ、自分を見つめ直す作業だったのではないでしょうか。プロの職業人としてまとってきたベールを脱ぎ捨てて、自分の人間的な部分を受け入れるのは、簡単ではありません。

素のあなたを出したほうが、周囲の人たちがついてきてくれます。自分に正直に、ダイレクトに向き合ったほうが、フィロソフィーは威力を発揮します。

あなたを投影しているか？

行動理念を書き出すことではじめて、この本は役に立ちます。読んだだけでは、行動理念は薄れていってしまいます。行動理念を書いた1枚の紙をつねに見えるところに置くと、その中身は強化され、あなたはリーダーとして正しい方向をめざすことができるのです。すべての項目で行動理念を完成させていれば、今あなたの紙の上には20個ほどの項目が並んでいるはずです。もし、それらが長くてわかりにくいとか、あなたというユニークな人間について語られていないのなら、問題があります。どの項目もあなたの感情に訴え、ストーリーを想起させ、できるだけあなたのパーソナルな部分を引き出しているものでなければなりません。

実際に行動理念を使いはじめると、ぎこちなさを感じたり、自分でもあまりピンとこないと感じたりするかもしれません。言葉に強さを感じない場合は、ありのままの自分を出せていないのかもしれません。

行動理念を早速使ってみよう

行動理念がたった1枚の紙にまとまっているということは、とてもパワフルです。あなたの振る舞いを変え、「なりたい自分」に向かって大きく前進させてくれるでしょう。自分を見失わずにすむでしょう。あなたが大切にすべきことを、つねに思い出させてくれます。

完成したばかりの行動理念を、早速使いましょう。あなたが自分のためにつくったルールです。難しい決断や選択を迫られたときも、行動理念に救われるはずです。目標を達成するためにやるべきことを明確にし、それに沿って行動できるように導いてくれます。あなた自身、そしてあなたの組織が守るべき水準を設定し、維持してくれるでしょう。

行動理念は、あなたを人間的にも魅力的なリーダーにしてくれます。まさに、この点がもっとも重要です。チームが高いパフォーマンスを発揮するためには、信頼関係が欠かせませんが、これを築くためには、あなたが人間味にあふれるリーダーであることが、何より大事なのです。

私の行動理念は、野心的です。現在の自分よりも、人間として、リーダーとして、成長したいと思っているからです。お恥ずかしながら、自分で自分に求めている水準をつねに満たせているわけではありません。しかし、自分の生き方や振る舞い、そして仕事のパフォーマンスについて、つねに点検し、採点していることは、誇れることだと思います。自分で決めた指標と照らし合わせることによって、足りない部分や失敗に正面から向き合い、それがより高みをめざそうというモチベーションにつながっています。

行動理念はラミネート加工したり、壁に貼ったり、財布に入れておいたりして、いつも身近なところにあるようにしましょう。毎日1回読むようにするのもお勧めです。ほんの2分くらい、朝コーヒーを飲みながらでいいのです。仕事をはじめる前に、自分で決めている水準を思い出しましょう。

リーダーとして成長し、新しいことに挑むたびに、新しいアプローチが必要になるので、行動理念も変わります。本書でご紹介した私の行動理念も、なかには古くなったので改良が加えられたり、新しいものと入れ替えられたりしたものがあります。キャリアの節目で行動理念を見直すようにすると、進路を軌道修正できるでしょう。

自分の成長と足りない部分を定期的に振り返り、自己採点してください。どの企業や組織でも年に2回ほど人事査定を実施していて、そのときに自己評価をおこなう機会があると思います。そのタイミングで行動理念を見直すことをお勧めします。そのときに、次の質問について考えながら、行動理念を1つずつ丁寧に点検しましょう。

- これは、私の現在の状況（仕事とプライベートの両面で）に合っているか？
- このベースになっている感情は、今でも私の振る舞いをポジティブな方向へ導く力をもっているか？
- これは、私を「なりたい自分」に近づける役割を果たしているか？
- この行動理念をもっとパワフルにするためには、違うストーリーや言葉、イメージを使ったほうがいいだろうか？
- 完全に自分の一部になっているので、もはや行動理念として掲げる必要はないと思うか？
- 新たにめざしたい方向や目標ができたので、それに合わせて新しい行動理念をつくる必要があるだろうか？
- このリストに新しく加えたい行動理念、あるいは追加したいストーリーなどはあるか？

自己採点の結果は、その時々のあなたのフィロソフィーを反映するものですから、必ず保管しておきましょう。古いものと見比べながら点検すると、自分の成長が実感できると思います。

行動理念は、実際に使っていかなければ意味がありません。使えば使うほど、自分のリーダーシップの一部になっていきます。つねに点検を怠らず、自分の変化に合わせて行動理念も変えていけば、あなたは人間として、リーダーとして、つねに成長し続けます。

他人によって磨かれる

あなたの拠りどころとなる行動理念が完成したことは、じつにすばらしいです。おめでとうございます。自分に対して正直に書けていれば、その行動理念に照らし合わせて我が身を振り返るたびに、ポジティブな変化を実感するようになるでしょう。

しかし残念ながら、いつも自分のことを信用できるとは限りません。人はみずからの過ちを認めたがらないものです（少なくとも、私は自分がそうであることを自覚しています）。自己評価が甘くて、実際には自分の行動と行動理念とのあいだで、一貫性が保たれていないかもしれません。そうならないようにするには、どうしたらいいでしょうか？

ずばり、他者との共有しかありません。人間として、リーダーとして、あなたの成長を見守り、応援してくれる人たちに、あなたの行動理念を理解してもらいましょう。部下や同僚、上司、そして家族や友人と共有してください。職場の人たちは、あなたの信念やこれまでの経験については知らないことが多いでしょうが、あなたがよりいっそう心を開くことによって、いちだんと高いレベルで信頼関係を深めることができます。

誇りに思っていることだけでなく、どちらかといえば不名誉なことについても、あなただけの個人的なストーリーを周囲の人たちと共有すると、相手はあなたという人間、あなたというリーダーが、よく見えるようになります。あなたのほうでも相手に対して、「あなたは、私という人間のありのままの姿を受け入れてくれる——私の表面的な行動や考え方だけで判断するのではなくて——と信じています」というメッセージを送ることができます。

強みはあなただけのものではない

あなたのリーダー像を語るフィロソフィーを、職場の人たちと共有するときは、チーム会議の場で、あるいは一人ひとりと個別の対話をもつ機会をつくって、話すようにしましょう。フィロソフィーは、４つの側面（自分自身、アイデア、周囲の人々、バランスのとれた生活）において、あなたがどのような行動理念に基づいてリードしていきたいかを示すものであることを説明してください。

個人的なストーリーに裏づけられたあなたの行動理念は、仕事に求めるべき水準を定義していますが、それは決してあなただけに当てはめるものではなく、チームのメンバーにも守ってもらいたいのだということを伝えましょう。とにかく、あなたがどんな人なのか、その真の姿を知ってもらうのです。それができると、周囲の人たちは驚くほど温かく、あなたのストーリーに共感してくれるはずです。

耳の痛いことほど成長の糧になる

あなたが行動理念から少し逸脱した決断を下したように見えた場合は、その理由について明確な説明を求めるように、チームのメンバーに伝えておきましょう。あなたとしては、正当な理由があっての判断だったのかもしれません。もしくは、彼らが思い浮かべていた行動理念と、あなたが実際に使った行動理念は、別のものであったのかもしれません。どこに「ずれ」があったのかを明確にし、あなたの意思決定の仕方について、より理解してもらえるようにしましょう。もしかしたら、あなたの言っていることと行動は、ほんとうにずれているのかもしれないので、そうであれば自分の足りない部分を認識する絶好の機会になります。

あなたの矛盾点を指摘してくれたり、フィードバックを提供してくれたりした人には、きちんと感謝の気持ちを伝え、その人たちのコメントを前向きにとらえましょう。耳の痛い話を受け入れるのはつらいですが、必ず成長につながります。

同様に、チームのメンバーもあなたが設定した水準をきちんと満たせるように、あなたが責任をもちましょう。望ましくない振る舞いをメンバーが見せたときには、特定の行動理念に照らし合わせて指導するようにしてください。私自身も、チームのメンバーが個別の相談に来たときには、「1枚の紙」に書いてある特定の行動理念を指しながら話しています。逆に言うと、これ以外の指導はしていません。私の行動理念については、あらかじめチームと共有し、詳しく説明しているので、私と話すうちに彼らは私が言わんとすることを、即座に理解します。

意思決定の際に、あなたはどの行動理念に従ってその決断をしたのか、チームに理解してもらう機会をもってください。こうした機会を重ねるほどに、彼らは自分たちがとるべき行動についてより深く理解し、より早くそれを自分のものとして吸収することができます。つねに一貫したアプローチをとっていると、あなたが示した行動理念が土台となって、チームの文化が育っていきます。そうなると、全員の足並みが揃い、一致団結して同じ方向をめざしていけるのです。

絶えずあなたらしく

ほかの人たちにも、自分なりの行動理念をつくるように、ぜひ勧めてください。そして、彼らがそれを守っていけるように、コーチ役を買って出たり、フィードバックを提供したりするなど、サポートしてあげましょう。

私は、皆さんが行動理念を共有するフォーラムをインターネット上につくりましたので、ぜひ活用してください（www.onepieceofpaper.com）。

リーダーシップとは、まさに人としてのあり方が問われる、とてもパーソナルなものです。それを語るフィロソフィーは、その人がリーダーとしてどのように力を発揮していきたいのか、個人的な考えを明確に宣言するものです。誰でも言いそうな、ありきたりなものであってはダメなのです。その人らしさを伝えるためには、陳腐な流行り言葉などを使わずに、シンプルに正直に、自分を表現しましょう。

リーダーとして、絶えずあなたが自分らしいスタイルを貫けるように、そしてチームのメンバーと強い絆を結べるように、たった1枚の紙で語れるあなただけのフィロソフィーをもってください。

訳者あとがき

私は、著者のマイク・フィグリオーロに会ったことは、一度もない。それなのに、彼のことを昔からよく知っているような錯覚に陥った。肉声で語りかけるように綴られた本書を読んでいると、彼がどのような価値観をもち、何を大切に思い、人とどう向き合いたいのかが、手に取るようにわかるのだ。この人がリーダーなら、安心してついていけそうだし、つねに新しい発想をするように促され、成長できるだろうと思った。読者の皆さんも、きっと同じように感じるだろう。

それはひとえに、この本がセオリーやハウツーではなく、ストーリーを語っているからだ。決して、フィグリオーロの起業家としての成功談や苦労話を集めたものではない。彼のリーダーシップ哲学を支えている体験、そこから導き出した行動理念（maxim）について書かれている。仕事でもプライベートでも、人としてぶれない姿勢を貫くことが大事で、そのためには、飾らずに自分らしい言葉で書いた行動理念をもつべきだと説く。

余談だが、本書のキーワードである「maxim」を日本語でどう訳すべきか、私は最後まで悩み続けた。通常は、「座右の銘」「行動原則」などに置き換えられる。しかし本書では、「その人にとって個人的に大きな意味をもつことを、その人らしい言葉で端的に説明したステートメント」という、著者独自の定義のもとに使われている。このニュアンスを日本語でどう端的に説明するか、編集者の白山裕彬さんと知恵を絞り、「行動理念」にたどり着いた。なかには「バーガーキングの王冠」など、行動理念だけではしっくりこないものもあり、そういう場合はリマインダーという言葉を補うことにした。

何ヵ月も頭を悩ませたことが、白山さんに相談したとたん、いともあっさりと解決した。この経験は、1人で頑張らないで優秀な人に助けを求めることの大切さを改めて教えてくれたので、この本が刷り上がったら、「アイデアをリードする」のワークに、「白山さんとmaxim」と書き入れようと思っている。著者が力説しているように、自分にとって特別な意味をもつエピソードがすぐに思い浮かべば、心が動かされ、自分のおこないを正すきっかけになる。それはすなわち、効果的な行動理念なのだ。

著者の問いかけに答えていくうちに、過去の失敗を掘り起こしてほろ苦い気持ちになるかもしれない。しかし、弱い部分も含めて自分自身に正面から向き合い続けていると、不思議なことにエネルギーが高まってくる。すべてのワークをやり終えたとき、皆さんは少し遠くまで見渡せるようになって、清々しい気分を味わっているはずだ。

2018年3月吉日

原賀真紀子

[著者]

マイク・フィグリオーロ　Mike Figliuolo

ウェストポイントの愛称で知られる陸軍士官学校を上位5パーセントの成績で卒業し、米軍で機甲部隊を統率する将校を務める。その後ビジネス界に転じ、マッキンゼー・アンド・カンパニーでコンサルタントとしての経験を積む。デューク大学助教、キャピタル・ワン・フィナンシャルやスコッツ・ミラクルグローの役員を歴任し、リーダーシップ育成を専門とするソートリーダーズを創業。マネージング・ディレクターとして、米国を代表する企業の幹部向けに研修をおこなっている。

講師としても多様なテーマのビジネススキル（リーダーシップ、ストラテジー、コミュニケーション、イノベーション）を扱い、高い人気を博している。クライアントは、アボット・ラボラトリーズ、ディスカバー・フィナンシャル・サービス、ハインツ、オラクル、カーディナルヘルス、連邦準備銀行、ベインキャピタル、サービスマスターなど。講演、講義、コーチングを通じて、多数の企業幹部やリーダーたちに向けてメッセージを発信している。

■ **著者ウェブサイト（英語）**
www.thoughtleadersllc.com

■ **本書のウェブサイト（英語）**
www.onepieceofpaper.com

[訳者]

原賀真紀子（はらが・まきこ）

ライター、翻訳家、東京工業大学非常勤講師。

米ノースウェスタン大学ジャーナリズム大学院修了。

著書に『「伝わる英語」習得術——理系の巨匠に学ぶ』（朝日新書）、訳書にトリシア・タンストール著『世界でいちばん貧しくて美しいオーケストラ』（東洋経済新報社）、エドガー・H・シャイン著『問いかける技術』（英治出版）など。

アチーブメント出版

[twitter]
@achibook
[facebook]
http://www.facebook.com/achibook
[Instagram]
achievementpublishing

マッキンゼー式
紙1枚で「自分の強み」を見つける技術

2018年（平成30年） 4月1日 第1刷発行

著者 マイク・フィグリオーロ
訳者 原賀真紀子
発行者 青木仁志
発行所 アチーブメント出版株式会社
〒141-0031 東京都品川区西五反田2-19-2
荒久ビル4F
TEL 03-5719-5503／FAX 03-5719-5513
http://www.achibook.co.jp

装丁・本文デザイン 轡田昭彦＋坪井朋子
印刷・製本 株式会社光邦

ISBN 978-4-86643-025-6

付録

著者の強み

本書で紹介した私の「行動理念」を、一覧できるようにまとめました。このリストには、私自身がリーダーとして成長したため、不要になったものも含まれています。

行動理念は時間とともに変化しますし、自分のリーダーシップ・スタイルを語る新しい表現を、私はつねに探し求めています。

行動理念は日々実践し、人と共有し、定期的に点検されてこそ生きるものです。だからこそ、すでに「引退」している私の行動理念も、必要に応じて特別な場面で呼び戻され、再び活躍することがあるのです。

◉自分自身をリードする

・電球が灯る。
・学ぶこと、教えること、コーチング。これをずっと続けていく。
・こんなとき、おばあちゃんなら何て言うだろう？
・鏡を見ずにひげを剃るのは難しい。
・状況は見てのとおり。きみはどうやって対処するつもりなのか？
・しかし、男は負けるために生きているのではない。男は打ちのめされることはあっても、打ち負かされることはない。
・問題を見つけた。自分が対処しなければならない。

◉アイデアをリードする

・神は信じる。それ以外はすべてデータが頼り。
・幹部候補生は嘘をつかず、人を欺かず、人の物を盗んだりしないし、こうしたことをする者を許さない。

・お客様のためを思うと、これは正しいことだろうか？
・すぐれたリーダーになる方法を世界中の管理職に教えることができる、特異な才能にあふれたエグゼクティブを揃えるグローバル企業をめざす。
・なぜ（why）、なぜ、なぜ、なぜ、なぜ？
・それで（so what）？　それで？　それで？　それで？　それで？　それで？　それで？
・決断しないということで、きみは1つの選択をしたことになるんだ。
・迷ったら、攻めろ！

◉人々をリードする

・上の者には厳しく、下の者には優しく。
・問題をもってくるんじゃなくて、解決策をもってきなさい。
・耳が2つあり、口が1つあることには、理由があるんだよ。

・彼が好きな飲み物はセブンアップ。
・上官、中尉は戦車の下におります。
・だが、彼はまだこの仕事をやったことがないじゃないか！
・100ヤード手前での軌道修正は、100ヤード進んでしまったあとよりもラクだ。

◉バランスのとれた生活をリードする

・ぼくは帰ります。私の仕事をあなたがやっているので。
・バーガーキングは人材を募集しているよ。
・バーガーキングの王冠。
・たかが、＿＿＿＿じゃないか。
・釣りでツキがなかった1日のほうが、仕事がうまくいった1日よりもいい日なんだ。

ドラッカーの時間管理術

「成果をあげる者は仕事からスタートしない。時間からスタートする」。成果をあげる能力の修得をテーマに企業の現場に多数導入され、生産性を向上させているノウハウ。

吉松隆［著］

■1200円（税抜）／四六判・並製本・160頁
ISBN978-4-86643-021-8

世界の最新医学が証明した 究極の疲れないカラダ

ウォール街のビジネスパーソン、ハリウッドスター、五輪メダリストも実践。10万人を治療したNY在住のスポーツカイロプラクターが教える「疲れないカラダ」の秘密。

仲野広倫［著］

■1300円（税抜）／B6変型判・並製本・280頁
ISBN978-4-86643-011-9

マンガでわかる! 一生折れない自信のつくり方

30万部突破ベストセラーシリーズ待望のコミック化！　実績なし、危機感なし、自信なし……。26歳落ちこぼれ営業マン、最強のメンタルを手に入れる！

青木仁志［著］　**朝日夜**［作画］　**星野卓也**［シナリオ］

■1200円（税抜）／四六判・並製本・184頁
ISBN978-4-86643-014-0